CD付

# バッチリ 話せる
# マレーシア語

すぐに使えるシーン別会話基本表現

INJカルチャーセンター
近藤由美／アブドゥル・フズィズ・ジュナイディ 著

## 「覚えたい！」「使ってみたい！」マレーシア語の表現がバッチリ話せる！使いこなせる！

　マレーシア語の「覚えたい表現」と「使ってみたい表現」を効率的でムダなくマスターできるように，次のような《５つのバッチリ》で構成しました。

❶ バッチリ！自然なマレーシア語の発音とリズムを身につける！
　　PART1で発音についての基本を解説。本書付属のCDを繰り返し聞き，声を出して発音練習し，自然なマレーシア語の発音とリズムを身につけましょう。

❷ バッチリ！リスニング力をつける！
　　付属のCDを繰り返し聞いてください。とにかく聞きまくることでリスニング力が自然と身につきます。

❸ バッチリ！マレーシア語ってどんな言葉かがスッキリわかる！
　　PART1でマレーシア語の基本の文法を解説。最初は基本の基本だけを頭に入れるだけにし，話すレッスンの中で文法事項は再チェックするのが効率的です。

❹ バッチリ！日常コミュニケーションが集中マスターできる！
　　PART2，PART3では日常生活で使われる頻度の高い表現を中心に構成。表現はできるだけ簡単で，応用の効くものが中心です。

❺ バッチリ！マレーシア旅行の必須表現を頭出しパターンでマスター！
　　PART4の場面別マレーシア旅行会話では，頭出しパターンの文型を中心とした会話を紹介し，入れ替え単語に色をつけたので，覚えやすく，効率的に話す力がつきます。また，会話の状況が目に浮かぶように，対話形式の構成にも重点をおいています。本書で「これでマレーシア語はバッチリ決まった！」と実感してください。

　なお，本書ではマレーシアの国語 bahasa Melayu「マレー語」は「マレーシア語」と日本語訳しましたが，マレー系民族由来のものは masakan Melayu「マレー料理」，tarian Melayu「マレー舞踊」と日本語訳しました。

# CONTENTS

### PART1
### すぐに使える！マレーシア語の基本《発音・文法・基本単語》

- ■ マレーシア語の文字と発音 ......................................... 10
- ■ マレーシア語の文法 ................................................... 14
- ■ 日常生活の基本単語 ................................................... 28
  【単語】数字・時刻・曜日・年月日・色・方位・位置・形容詞・動詞

### PART2
### すぐに話せる！マレーシア語の頭出しパターン 19

1. 「私は〜です」Saya 〜. ............................................................... 46
2. 「〜がほしいのですが」「〜したいのですが」Saya mahu/nak ＋名詞／動詞 .... 47
3. 「〜が好きです」「〜するのが好きです」Saya suka ＋名詞／動詞 . ........... 48
4. 「〜がありますか？／いますか？」Ada ＋名詞？ ............................ 49
5. 「〜ができますか？」Boleh ＋動詞？ .......................................... 50
6. 「〜してもいいですか？」Boleh ＋動詞？ ..................................... 51
7. 「〜をください」Minta ＋名詞（＋数字）. ................................... 52
8. 「〜してください」Tolong ＋動詞（＋目的語）. ............................. 53
9. 「どうぞ〜してください」「どうぞ」Sila ＋動詞 . / Sila (kan). ............ 54
10. 「〜しましょう」「さあ〜しましょう」Mari (kita) ＋動詞 . / Jom ＋動詞 . .... 55
11. 「〜しないでください」「〜はだめです」Jangan ＋動詞 . ................. 56
12. 「何？」Apa? .......................................................................... 57
13. 「だれ？」Siapa? ..................................................................... 58
14. 「いくら？」「どのくらい？」Berapa? ....................................... 59
15. 「どれ？」「どこ？」Mana? / Di mana? ....................................... 60
16. 「いつ？」Bila? ....................................................................... 61
17. 「何時？」Pukul berapa? ........................................................... 62
18. 「どのようにして？」「どうですか？」Bagaimana? ...................... 63
19. 「なぜ？」「どうして？」Mengapa? / Kenapa? ⇒「〜だからです」Sebab/Kerana... 64

# CONTENTS

### PART3
### すぐに話せる！よく使うマレーシア語の基本・日常表現

1. 日常のあいさつ … 66
2. 別れぎわの一言 … 68
3. 感謝する／あやまる … 70
4. はい／いいえ … 72
5. 感情を伝える … 74
6. 自己紹介（名前，出身，職業） … 76
7. 出会いのあいさつ（宿泊先，渡航目的・回数） … 78
8. マレーシア語 … 80
9. 趣味 … 82
10. 天気 … 84
11. 訪問する … 86
12. おみやげを渡す … 88
13. ごちそうになる … 90
【単語】国・職業・家族・人・趣味・天気・自然 … 92

### PART4
### すぐに話せる！マレーシア旅行重要フレーズ

14. 入国〈搭乗時〉… 98
15. 入国〈機内〉… 100
16. 入国〈入国審査〉… 102
17. 入国〈手荷物の受け取り〉… 104
18. 入国〈税関〉… 106
19. 入国〈両替〉… 108
20. 乗り物〈タクシーに乗る〉… 110
21. 乗り物〈タクシーの中で〉… 112
22. 乗り物〈チケットを買う〉… 114
23. 乗り物〈列車に乗る〉… 116
24. 乗り物〈バスに乗る〉… 118

# CONTENTS

25. 乗り物〈トラブル〉 ... 120
26. ホテル〈チェックイン〉 ... 122
27. ホテル〈設備，サービス〉 ... 124
28. ホテル〈ルームサービス〉 ... 126
29. ホテル〈トラブル〉 ... 128
30. ホテル〈チェックアウト〉 ... 130
31. レストラン〈入店する〉 ... 132
32. レストラン〈注文する〉 ... 134
33. レストラン〈料理についてたずねる〉 ... 136
34. レストラン〈依頼する〉 ... 138
35. レストラン〈デザート，テイクアウト〉 ... 140
36. レストラン〈会計をする〉 ... 142
37. ショッピング〈品物を探す〉 ... 144
38. ショッピング〈品物についてたずねる〉 ... 146
39. ショッピング〈試着する〉 ... 148
40. ショッピング〈支払い〉 ... 150
41. 観光〈道をたずねる〉 ... 152
42. 観光〈場所をたずねる〉 ... 154
43. 観光〈観光ツアー〉 ... 156
44. 観光〈博物館，美術館〉 ... 158
45. 観光〈公演，コンサート〉 ... 160
46. 観光〈写真を撮る〉 ... 162
47. 観光〈エステ，マッサージ〉 ... 164
48. 郵便〈郵便を出す〉 ... 166
49. 電話〈電話をかける〉 ... 168
50. 電話〈伝言を残す〉 ... 170
51. 病気〈診察〉 ... 172
52. 病気〈薬局〉 ... 174
53. トラブル〈紛失，盗難〉 ... 176
54. トラブル〈断る，助けを求める〉 ... 178

【単語】空港・入国管理・税関　交通機関　ホテル・飲み物・果物・レストラン・料理・ショッピング・観光・郵便，電話・病気・けが・身体・盗難・紛失 ... 180

## 本書の活用法

## 《5つのバッチリ》で
## マレーシア語の「話す・聞く」を集中マスター

❶ バッチリ！発音と文法の基本がスッキリとマスター！
❷ バッチリ！聴き取りに慣れる！
❸ バッチリ！頭出しパターンを使って効率マスター！
❹ バッチリ！日常＆旅行の必須表現を速攻マスター！
❺ バッチリ！基本単語がテーマ別に覚えられる！

◆ PART 1
すぐに使える！
マレーシア語の基本
《発音・文法・基本単語》

最初に知っておきたいマレーシア語の基本知識（発音・文法）についてわかりやすく説明しています。まずは概要をおおざっぱにつかんでください。単語のイタリック（斜体）は外来語です。

日常よく使う数字，時刻，曜日，年月日，家族，人，国，色，方位，位置，形容詞，動詞などの基本単語も紹介しています。

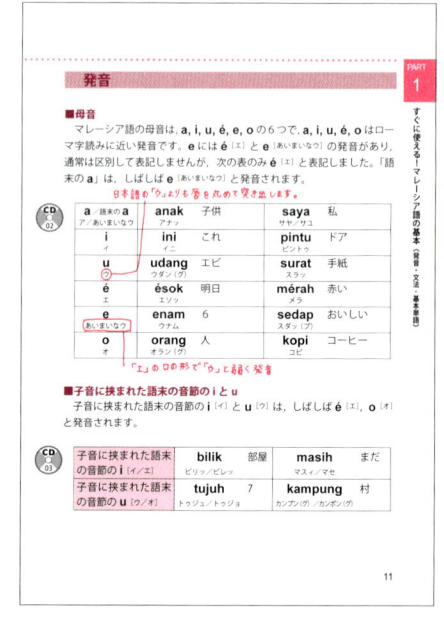

## ◆ PART 2
### すぐに話せる！マレーシア語の頭出しパターン19

「〜がほしい」「〜したい」「いつ」「どこ」などのよく使う基本表現をまとめました。解説入りで，例文中の入れ替え可能な単語には赤色をつけたので応用表現も簡単です。まずは，この頭出しパターンを覚えましょう。

なお，マレーシア語の「あなた」は相手の年齢や性別によって使い分けます。例文中の awak［アワッ］「あなた」などは，相手に応じて単語を入れ替えてください。（→ P15）。

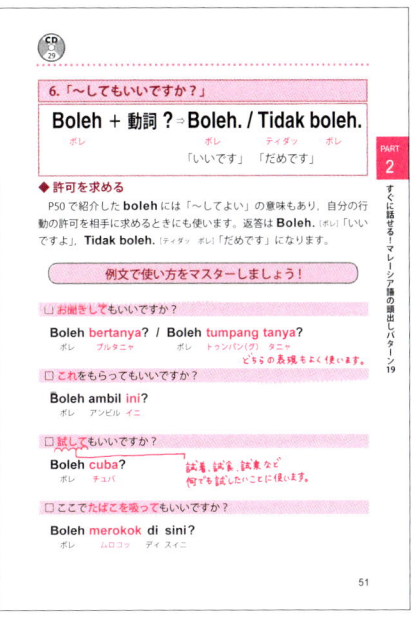

## ◆ PART 3
### すぐに話せる！よく使うマレーシア語の基本・日常表現

あいさつや日常表現をテーマ別に紹介しています。

基本表現と日常会話で使われる頻度の高いフレーズを中心にシンプルで，応用の利くものを集めました。

ポイントはメモとしてアドバイスしています。例文中の入れ替え可能な単語には赤色をつけたので応用表現ができます。入れ替え単語はPART 3の最後にまとめました。

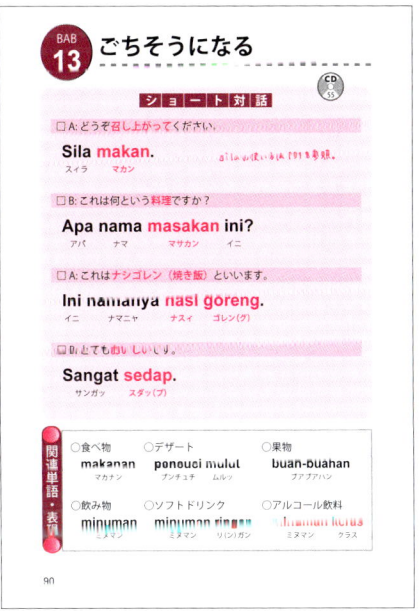

## ◆ PART 4
## すぐに話せる！
## マレーシア旅行重要フレーズ

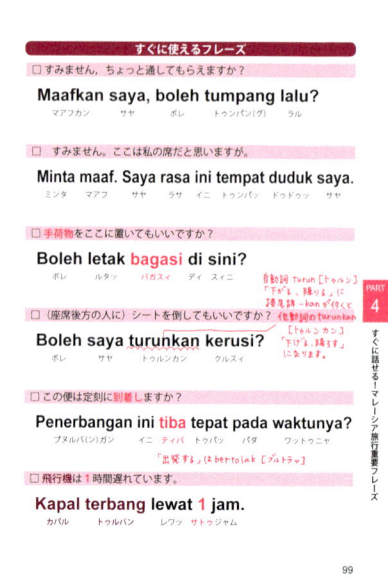

　マレーシア旅行で役立つフレーズを場面別に豊富に紹介しています。必要に応じて表現に関するポイントをメモとして示し，効率よく学習できるように工夫しました。

　各場面でよく使われる単語はPART 4 の最後にまとめ，例文中の赤色の単語と入れ替えることにより，応用表現ができるようにしました。

### ◆本書の活用にあたって◆

#### ◆本書付属の CD をくり返し聴いてマスターしましょう！

　本書のマレーシア語には，入門者のために読み方の補助としてカタカナルビをつけました。しかし，このルビはあくまでも発音のヒントで，発音記号と異なり完璧な発音を表記するものではありません。

　正しい発音をマスターするためには，付属の CD をくり返し聞いて，声に出して練習してください。それが上達の早道です。

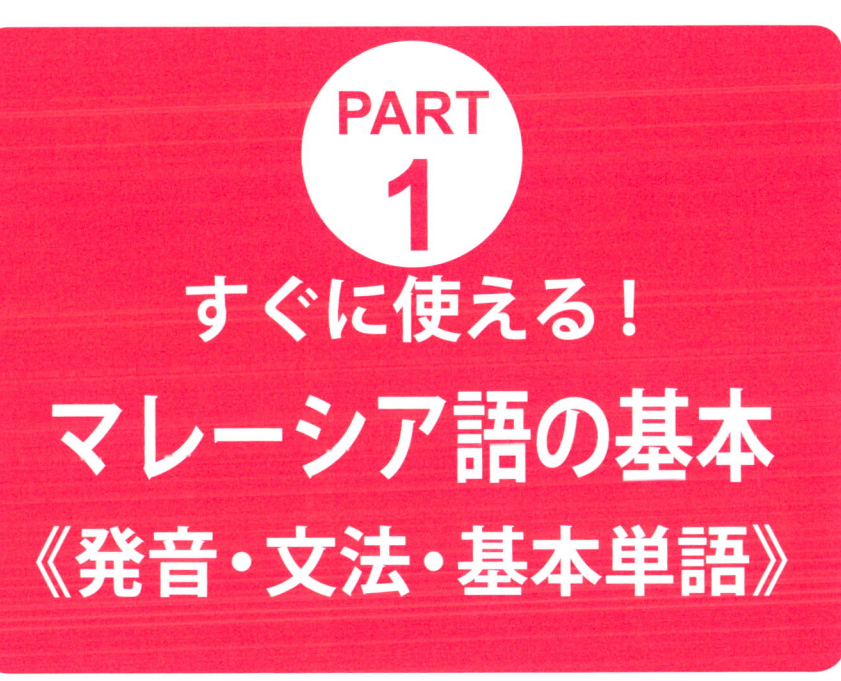

# マレーシア語の文字と発音

◆マレーシア語のアルファベットの発音は英語と同様です。
　単語は原則としてローマ字読みで OK です。

| 大文字 | 小文字 | 発音 |
|---|---|---|
| A | a | エー |
| B | b | ビー |
| C | c | スィー |
| D | d | ディー |
| E | e | イー |
| F | f | エフ |
| G | g | ジー |
| H | h | エイチ |
| I | i | アイ |
| J | j | ジェイ |
| K | k | ケイ |
| L | l | エル |
| M | m | エム |

| 大文字 | 小文字 | 発音 |
|---|---|---|
| N | n | エ（ヌ) |
| O | o | オー |
| P | p | ピー |
| Q | q | キュー |
| R | r | アール |
| S | s | エス |
| T | t | ティー |
| U | u | ユー |
| V | v | ヴィー |
| W | w | ダブリュー |
| X | x | エックス |
| Y | y | ワイ |
| Z | z | ゼッ |

マレーシア語では，よく略語が使われます。

　**KL　(Kuala Lumpur)** 　　クアラルンプール
　　ケイエル　クアラ　　ルンプル

　**JB　(Johor Bahru)** 　　ジョホールバル
　　ジェイビー　ジョホル　　バル

　**TV　(televisyen)** 　　テレビ
　　ティーヴィー　テレヴィシェン

10

# 発音

## ■母音

マレーシア語の母音は，**a, i, u, é, e, o** の6つで，**a, i, u, é, o** はローマ字読みに近い発音です。**e** には **é** [エ] と **e** [あいまいなウ] の発音があり，通常は区別して表記しませんが，次の表のみ **é** [エ] と表記しました。「語末の **a**」は，しばしば **e** [あいまいなウ] と発音されます。

日本語の「ウ」よりも唇を丸めて突き出します。

| | | | | |
|---|---|---|---|---|
| **a** ／語末の **a** <br> ア／あいまいなウ | **anak** <br> アナッ | 子供 | **saya** <br> サヤ／サユ | 私 |
| **i** <br> イ | **ini** <br> イニ | これ | **pintu** <br> ピントゥ | ドア |
| **u** <br> ウ | **udang** <br> ウダン（グ） | エビ | **surat** <br> スラッ | 手紙 |
| **é** <br> エ | **ésok** <br> エソッ | 明日 | **mérah** <br> メラ | 赤い |
| **e** <br> あいまいなウ | **enam** <br> ウナム | 6 | **sedap** <br> スダッ（プ） | おいしい |
| **o** <br> オ | **orang** <br> オラン（グ） | 人 | **kopi** <br> コピ | コーヒー |

「エ」の口の形で「ウ」と弱く発音

## ■子音に挟まれた語末の音節の i と u

子音に挟まれた語末の音節の **i** [イ] と **u** [ウ] は，しばしば **é** [エ]，**o** [オ] と発音されます。

| | | | | |
|---|---|---|---|---|
| 子音に挟まれた語末の音節の **i** [イ／エ] | **bilik** <br> ビリッ／ビレッ | 部屋 | **masih** <br> マスィ／マセ | まだ |
| 子音に挟まれた語末の音節の **u** [ウ／オ] | **tujuh** <br> トゥジュ／トゥジョ | 7 | **kampung** <br> カンプン（グ）／カンポン（グ） | 村 |

## ■子音

注意すべき子音をまとめて覚えましょう。

### l と r

発音をまちがえると別の単語になるので注意。

l は舌先を上の前歯の歯ぐきに当て，舌の両側から息を出します。
r は舌先をどこにも触れないようにして巻き舌で発音します。

| | | | | |
|---|---|---|---|---|
| **l**<br>ラ行 | **beli**<br>ブリ | 買う | **lantai**<br>ランタイ | 床 |
| **r**<br>巻き舌のラ行 | **beri**<br>ブリ | 与える | **rantai**<br>ランタイ | チェーン |

### c と k

c は「チャ行」，k は「カ行」の発音です。

| | | | | |
|---|---|---|---|---|
| **c**<br>チャ行 | **cara**<br>チャラ | 方法 | **lucu**<br>ルチュ | おかしい |
| **k**<br>カ行 | **kalah**<br>カラ | 負ける | **buku**<br>ブク | 本 |

### f と v

f は「ファ行」，v は「ヴァ行」です。

| | | | | |
|---|---|---|---|---|
| **f**<br>ファ行 | **faham**<br>ファハム | 理解する | **hafal**<br>ハファル | 暗記する |
| **v**<br>ヴァ行 | **visa**<br>ヴィサ | ビザ | **universiti**<br>ユニヴァルスィティ | 大学 |

### 語頭，語中，語末の h

語中の h が同じ母音にはさまれた場合は，はっきりと発音しますが，異なる母音にはさまれた場合は，音が弱くなったり発音されないことがあります。語末の h は軽く息を吐きます。

| | | | | |
|---|---|---|---|---|
| 語中の **h**<br>ハ行 | **tahan**<br>タハン | 耐える | **tahun**<br>タフン／タウン | 年 |
| 語末の **h**<br>「ハー」と息を吐く | **mudah**<br>ムダ | 簡単な | **teh**<br>テ | お茶 |

muda【ムダ】「若い」は最後に息を吐きません。

### 語末の p, b, t, d, k, g

各子音の直前でその子音を発音する口の形で発音を止め,「アッ, イッ, ウッ, エッ, オッ」のように発音します

| 語末の p, b<br>口を閉じる | tutup<br>トゥトゥッ（プ） | 閉める | jawab<br>ジャワッ（ブ） | 答え |
|---|---|---|---|---|
| 語末の t, d | surat<br>スラッ | 手紙 | murid<br>ムリッ | 生徒 |
| 語末の k, g | gemuk<br>グムッ | 太った | beg<br>ベッ（グ） | かばん |

最後にしっかりと口を閉じます。

### 語末の m, n, ng

語末の m は口を閉じます。語末の ng は鼻音の「ン（グ）」です。

| 語末の m<br>口を閉じる | padam<br>パダム | 消す | musim<br>ムスィム | 季節 |
|---|---|---|---|---|
| 語末の n | makan<br>マカン | 食べる | mesin<br>メスィン | 機械 |
| 語末の ng<br>ン（グ） | padang<br>パダン（グ） | 野原 | pusing<br>プスィン（グ） | 回る |

### 二重子音

特に ng と kh の発音に注意しましょう。

tan-ganではなく ta-nganと区切って読みます。

| ng<br>（ン）ガ行 | tangan<br>タ（ン）ガン | 手 | datang<br>ダタン（グ） | 来る |
|---|---|---|---|---|
| ny<br>ニャ行 | nyamuk<br>ニャムッ | 蚊 | kenyang<br>クニャン（グ） | 満腹の |
| sy<br>シャ行 | syarat<br>シャラッ | 条件 | asyik<br>アシィッ | 熱中した |
| kh<br>息を強く吐く カ行 | khabar<br>カバル | 知らせ | akhir<br>アキル | 終わり |

kよりものどの奥から息を「ハッ」と強く吐く「カ行」

鼻から息が抜ける鼻濁音。

# マレーシア語の文法

## マレーシア語の特徴

■**単語の語形変化がない**

　マレーシア語は，名詞の単数，複数の区別がなく，主格（〜は），所有格（〜の），目的格（〜を）の格変化や動詞の活用変化もありません。語幹（もとになる単語）に接頭辞や接尾辞が付くと別の単語になります。

（語幹）　　　　　　　　（**接頭辞 pe-** ＋語幹）　　（語幹＋**接尾辞 -an**）
**minum** 飲む　→　　**peminum** 飲んべえ　　**minuman** 飲み物
ミヌム　　　　　　　　プミヌム　　　　　　　　　ミヌマン

## 名詞

　通常は名詞の単数と複数を区別しません。しかし，日本語の「人々」のようにマレーシア語も名詞を重複させると複数を表します。数詞や数量を表す語を名詞の前に置いて複数を表すこともあります（→ P16）。

■**複数形**

**orang** 人　→　**orang-orang** 人々
オラン（グ）　　　オラン（グ）オラン（グ）

**warna** 色　→　**tiga warna** 　3つの色
ワルナ　　　　　ティガ　　ワルナ

（注）単語の重複が必ずしも複数を表すとは限りません。別の意味になることもあります。

　　**orang-orang**（かかし）　　**gula-gula**（飴）
　　オラン（グ）オラン（グ）　　　　グラグラ

*gula［グラ］は「砂糖」*

## 人称代名詞

「あなた」は相手の年齢や性別によって使い分けます。**encik** は目上の男性，**puan** は目上の女性に使う尊敬と親しみを込めた言い方です。**awak** は同年代か目下，**cik** は未婚の女性に使います。名前がわかれば，**Ali**「アリ」など名前を用いると親しみが増します。「私たち」には，話し相手を含める **kita** と含めない **kami** の２種類あります。

|  | 単数 |  | 複数 |  |
|---|---|---|---|---|
| 1人称 | **saya** サヤ | 私 | **kita** キタ | 私たち（話し相手を含める） |
|  |  |  | **kami** カミ | 私たち（話し相手を含めない） |
| 2人称 | **encik** ウンチッ | 貴殿 | **tuan-tuan** トゥアントゥアン | 皆様（男性） |
|  | **puan** プワン | 貴女 | **puan-puan** プワンプワン | 皆様（女性） |
|  | **awak** アワッ | あなた | **awak semua** アワッスムア | あなたたち |
|  | **cik** チッ | あなた(女性) |  |  |
| 3人称 | **dia** ディア | 彼，彼女 | **mereka** ムレカ | 彼ら，彼女ら |

## 指示代名詞

近いものは **ini**，遠いものは **itu** で表します。

| これ／この<br>**ini** イニ | それ／その／あれ／あの<br>**itu** イトゥ |  | どれ／どの<br>**mana** マナ |
|---|---|---|---|
| ここ<br>**sini** スィニ | そこ<br>**situ** スィトゥ | あそこ<br>**sana** サナ | どこ<br>**mana** マナ |

**Ini teh.** これは紅茶です。
イニ　テ

**Itu guru.** そちらは先生です。
イトゥ　グル

## 修飾語

　数量を表す語以外は日本語と逆で，重要な単語である被修飾語（修飾される語）を先に置き，その後に修飾語が来ます。

### ■数量以外の修飾語の語順

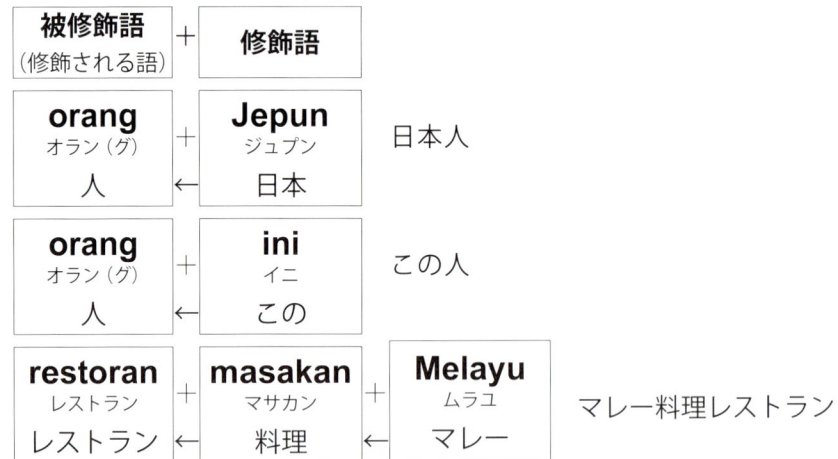

### ■数量を表す語

ただし，数量を表す語は名詞の前にきます。

# 基本文型

基本文型は「主語＋述語（名詞／形容詞／動詞）」です。述語が動詞の場合は後ろに目的語を置くこともあり，語順は英語と同じです。主語や目的語は明らかであれば省略できます。

## ■主語＋名詞

これはマレー料理です。

## ■主語＋形容詞

マレー料理はおいしいです。

## ■主語＋動詞（＋目的語）

彼／彼女は（マレー料理を）食べます。

（注）目的語は動詞の後に置きます。

## 否定文

■名詞の否定「〜ではない」

名詞を否定するには，否定語 **bukan** を名詞の前に置きます。

彼／彼女は先生ではありません。

これは私の車ではありません。

それはマレー料理ではありません。

## ■形容詞と動詞の否定「〜ない」

形容詞や動詞の否定は，否定語 **tidak** を各品詞の前に置きます。

この料理はおいしくありません。

彼／彼女は食べません。

## ■その他の否定

**tidak berapa** に比べて **kurang** は話者の不満が言外に含まれます。

あまり〜でない

いまひとつ〜でない

**Hari ini tidak berapa panas.** 今日はあまり暑くありません。
ハリ　イニ　ティダッ　ブラパ　　パナス

**Bir itu kurang sejuk.** そのビールはあまり冷えていません。
ビルイトゥ　クラン（グ）　スジュッ

| langsung tidak<br>ランスン（グ）　ティダッ | ＋ | 形容詞／動詞 | 全然〜でない |

**Bilik ini langsung tidak sejuk.**
ビリッ イニ　ランスン（グ）　ティダッ　スジュッ
この部屋は全然涼しくありません。

**Budak itu langsung tidak belajar.**
ブダッ イトゥ　ランスン（グ）　ティダッ　ブラジャル
その子供は全く勉強しません。

## 程度を表す副詞

**amat, sangat** はどちらも同じ意味です。

| | | |
|---|---|---|
| **sedikit**<br>スディキッ | | やや, 少し |
| **agak**<br>アガッ | | 結構, まあまあ |
| **cukup**<br>チュクッ（プ） | ＋ 形容詞 | 十分に, かなり |
| **amat / sangat**<br>アマッ　サ（ン）ガッ | | とても |
| **terlalu**<br>トゥルラル | | 〜すぎる |

**sedikit pedas** 少し辛い　　**agak susah** 結構難しい
スディキッ　ブダス　　　　　　アガッ　スサ

**cukup manis** かなり甘い　　**amat besar** とても大きい
チュクッ（プ）マニス　　　　　　アマッ　ブサル

**sangat sedap** とてもおいしい　**terlalu banyak** 多すぎる
サ（ン）ガッ スダッ（プ）　　　　　トゥルラル　バニャッ

# 疑問文

疑問詞のない疑問文は次の3種類で，文末には「？」を付けます。

## ■疑問文の作り方

① 平叙文の文末を上げ調子に言います。
② 平叙文の前に **adakah**「〜ですか？」を付けます。
③ 平叙文の文末に接尾辞 **-kah?**「〜ですか？」を付けます。

| | | |
|---|---|---|
| 平叙文 | **Dia orang Jepun.**<br>ディア オラン（グ） ジュプン | 彼／彼女は日本人です。 |
| 疑問文① | **Dia orang Jepun?** ↗<br>ディア オラン（グ） ジュプン | 彼／彼女は日本人ですか？ |
| 疑問文② | **Adakah dia orang Jepun?**<br>アダカ ディア オラン（グ） ジュプン | 彼／彼女は日本人ですか？ |
| 疑問文③ | **Dia orang Jepunkah?**<br>ディア オラン（グ） ジュプン**カ** | 彼／彼女は日本人ですか？ |

## ■疑問文の答え方

肯定の **Ya.**「はい」，**Ya, betul.**「はい，そうです」は，疑問文の述語が名詞，形容詞，動詞のいずれの場合の返答にも使います。

否定の **Bukan.**「違います」は名詞の返答に使い，**Tidak.**「いいえ」は形容詞と動詞の返答に使います。

| | | | |
|---|---|---|---|
| 肯定 | **Ya.**<br>ヤ | はい。 | 名詞<br>形容詞<br>動詞 |
| | **Ya, betul.**<br>ヤ ブトゥル | はい，そうです。 | |
| 否定 | **Bukan.**<br>ブカン | 違います。 | 名詞 |
| | **Tidak.**<br>ティダッ | いいえ。 | 形容詞<br>動詞 |

## 接続詞

| dan<br>ダン | 〜と〜, そして |
|---|---|
| tetapi / tapi （口語）<br>トゥタピ　タピ | だが, しかし |
| atau<br>アタウ | または, あるいは |

**Ini mangga dan betik.** これはマンゴーとパパイヤです。
イニ　マンガ　ダン　ブティッ

**Saya guru tetapi dia pelajar.** 私は先生ですが, 彼／彼女は学生です。
サカ　グル　トゥタピ　ディア　スィスワ

**Ini kopi atau teh?** これはコーヒーですか, それとも紅茶ですか？
イニ　コピ　アタウ　テ

## 比較

原級, 比較級, 最上級の表現です。

| | |
|---|---|
| sama | 同じ〜さ（名詞化） |
| lebih | もっと〜 |
| paling | 最も〜, 一番〜 |

**Ini dan itu sama besar.** これとそれは同じ大きさです。
イニ　ダン　イトゥ　サマ　ブサル

**Kereta ini lebih baru.** この車はもっと新しいです。
クレタ　イニ　ルビ　バル

**Dia paling muda.** 彼／彼女は一番若いです。
ディア　パリン（グ）　ムダ

## 時制

マレーシア語には英語のような時制による動詞の語形変化はありません。「彼ら」＋「来る」で，現在，過去，未来のどの意味にもなります。時制はその場の状況で判断しますが，時制を明確にするには「昨日」,「今」,「来年」などの単語（→ P34）や助動詞（→ P24）を用います。

| | | |
|---|---|---|
| ① | **Semalam**（昨日）<br>スマラム | ＋ **mereka**（彼ら）＋ **datang.**（来る）<br>ムレカ　　　　　　　ダタン(グ) |
| ② | **Hari ini**（今日）<br>ハリ イニ | ① 昨日，彼らは来ました。　　　（過去） |
| ③ | **Esok**（明日）<br>エソッ | ② 今日，彼らは来ます。　　　　（現在）<br>③ 明日，彼らは来るでしょう。（未来） |

## 完了，継続の助動詞

助動詞は動詞と一部の形容詞の前に置きます。**sudah** は完了を表し，過去，現在，未来に使われます。**sudah, belum, masih** の疑問文には ya, tidak ではなく，**sudah, belum, masih** で答えましょう。

| 完了 | もう／すでに〜した | **sudah**（スダ）＋ 動詞／形容詞 |
|---|---|---|
| 未完了 | まだ〜ない | **belum**（ブルム）＋ 動詞／形容詞 |
| 継続 | まだ〜している | **masih**（マスィ）＋ 動詞／形容詞 |

**Sudah makan?**　もう食事をしましたか？
スダ　マカン

＊日常の気軽なあいさつ。Belum. と答えると食事を用意されることも。

→ **Sudah.** もうしました。　／　**Belum.** まだです。
　スダ　　　　　　　　　　　　　　ブルム

**Mereka masih tidur.**　彼らはまだ寝ています。
ムレカ　マスィ　ティドゥル

## 未来，可能などの助動詞

| | | |
|---|---|---|
| 未来 | **akan**<br>アカン<br>〜するつもり | **Mereka akan ke Melaka.**<br>ムレカ　アカン　ク　ムラカ<br>彼らはマラッカに行く予定です。 |
| 希望 | **mahu**<br>マフ<br>〜したい | **Saya mahu beli-belah.**<br>サヤ　マフ　ブリブラ<br>私は買い物したいです。 |
| 嗜好<br>習慣 | **suka**<br>スカ<br>〜が好き | **Dia suka berjalan-jalan.**<br>ディア　スカ　ブルジャランジャラン<br>彼／彼女は散歩が好きです。 |
| 完了<br>結果 | **baru**<br>バル<br>〜したばかり | **Saya baru tiba.**<br>サヤ　バル　ティバ<br>私は到着したばかりです。 |
| 現在<br>進行 | **sedang**<br>スダン（グ）<br>〜している最中 | **Dia sedang telefon.**<br>ディア　スダン（グ）　テレフォン<br>彼／彼女は電話中です。 |
| 可能 | **boleh / dapat**<br>ボレ　　ダパッ<br>〜できる | **Saya boleh bercakap bahasa Melayu.**<br>サヤ　ボレ　ブルチャカッ(プ)　バハサ　ムラユ<br>私はマレーシア語が話せます。 |
| 許可 | **boleh**<br>ボレ<br>〜してもよい | **Awak boleh masuk.**<br>アワッ　ボレ　マスッ<br>あなたは入ってもいいです。 |
| 必要 | **perlu**<br>プルル<br>〜する必要がある | **Mereka perlu bawa pasport.**<br>ムレカ　プルル　バワ　パスポルッ<br>彼らは旅券を携帯する必要があります。 |
| 義務 | **harus**<br>ハルス<br>〜しなければならない | **Kita harus tunggu.**<br>キタ　ハルス　トゥング<br>私たちは待たなければなりません。 |
| 経験 | **pernah**<br>プルナ<br>〜したことがある | **Saya pernah tengok istana.**<br>サヤ　プルナ　テンゴッ　イスタナ<br>私は王宮を見たことがあります。 |

# 前置詞

方向を示す前置詞 **di, ke, dari** があれば、**ada**「ある、いる」、**pergi**「行く」、**datang**「来る」などの動詞は省略できます。

| | |
|---|---|
| **di**<br>ディ<br>〜に、〜で | Saya (ada) di KL. ← 口語で Kuala Lumpur<br>サヤ　アダ　ディ ケイエル　「クアラルンプール」の略語。<br>私はクアラルンプールにいます。 |
| **ke**<br>ク<br>〜へ | Saya (pergi) ke Pulau Langkawi.<br>サヤ　プルギ　ク　プラウ　ラン(グ)カウィ<br>私はランカウイ島へ行きます。 |
| **dari**<br>ダリ<br>〜から | Saya (datang) dari Jepun.<br>サヤ　ダタン(グ)　ダリ　ジュプン<br>私は日本から来ました。 |
| **untuk**<br>ウントゥッ<br>〜のために | Ini hadiah untuk awak.<br>イニ　ハディア　ウントゥッ　アワッ<br>これはあなたへのプレゼントです。 |
| **bagi**<br>バギ<br>〜にとって | Ini terlalu besar bagi saya.<br>イニ　トゥルラル　ブサル　バギ　サヤ<br>これは私には大きすぎます。 |
| **dengan**<br>ドゥ(ン)ガン<br>〜に、〜と一緒に | Saya berjumpa dengan mereka.<br>サヤ　ブルジュンパ　ドゥ(ン)ガン　ムレカ<br>私は彼らに会います。 |
| **kepada**<br>クパダ<br>（人）に | Saya kirim gambar kepada emak.<br>サヤ　キリム　ガンバル　クパダ　ウマッ<br>私は母に写真を送ります。 |
| **pada**<br>パダ<br>（時間、人）に | Saya bangun pada pukul 7.00.<br>サヤ　バ(ン)グン　パダ　プクル　トゥジュ<br>私は7時に起きます。 |
| **selama**<br>スラマ<br>〜の間 | Saya sudah di sini selama 5 hari.<br>サヤ　スダ　ディ スィニ　スラマ　リマ　ハリ<br>私はすでにここに5日間います。 |

25

# 疑問詞

疑問詞は文頭にも文末にも用いられます。

| | |
|---|---|
| **apa**<br>アパ<br>何 | **Ini apa?**<br>イニ　アパ<br>これは何ですか？ |
| **siapa**<br>スィアパ<br>だれ | **Dia siapa?**<br>ディア　スィアパ<br>彼／彼女はだれですか？ |
| **bila**<br>ビラ<br>いつ | **Bila datang?**<br>ビラ　ダタン（グ）<br>いつ来ますか？ |
| **berapa**<br>ブラパ<br>いくら，いくつ | **Berapa harga ini?**<br>ブラパ　ハルガ　イニ<br>これはいくらですか？<br>**Berapa orang?**<br>ブラパ　オラン（グ）<br>何人ですか？ |
| **bagaimana**<br>バガイマナ<br>どのように | **Bagaimana Malaysia?**<br>バガイマナ　マレイシア<br>マレーシアはどうですか？ |
| **mana**<br>マナ<br>どれ，どの | **Kereta (yang) mana?**<br>クレタ　ヤン（グ）　マナ<br>どの車ですか？ |
| **yang mana**<br>ヤン（グ）　マナ<br>どちら | **Pilih yang mana?**<br>ピリ　ヤン（グ）　マナ<br>どちらを選びますか？<br>**Yang mana lebih mahal?**<br>ヤン（グ）　マナ　ルビ　マハル<br>どちらが（値段が）高いですか？ |

| | |
|---|---|
| **di mana**<br>ディ　マナ<br>どこで | **Makan di mana?**<br>マカン　ディ　マナ<br>どこで食べますか？ |
| **ke mana**<br>ク　マナ<br>どこへ | **Mahu ke mana?**<br>マフ　ク　マナ<br>どこへ行きますか？ |
| **dari mana**<br>ダリ　マナ<br>どこから | **Dari mana?**　「市場」など具体的な場所<br>ダリ　マナ　　だけでなく「出身、国籍」を<br>どちらからですか？　たずねる時にも使います。 |
| **kenapa**（口語）<br>クナパ<br>**mengapa**<br>ム（ン）ガパ<br>なぜ，どうして | **Kenapa tidak datang?**<br>クナパ　ティダッ　ダタン（グ）<br>なぜ来ないのですか？<br><br>**Mengapa balik?**<br>ム（ン）ガパ　バリッ<br>なぜ帰るのですか？ |
| **sebab**<br>スバッ（ブ）<br>**kerana**<br>クラナ<br>なぜなら | **Sebab ada urusan.**<br>スバッ（ブ）　アダ　ウルサン<br>なぜなら用事があるからです。<br><br>**Kerana saya penat.**<br>クラナ　サヤ　プナッ<br>なぜなら私は疲れたからです。 |

場所をたずねるだけでなく、気軽な日常のあいさつとしても使われます。
Jalan-jalan sahaja 「ジャラン ジャラン サハジャ」
「ちょっと散歩に」など適当に答えても構いません。

# 【日常生活の基本単語】

## 【数字】

　日本語と同様に、マレーシア語の数字の3桁ごとの位取りには、コンマ「,」、小数点にはドット「.」が使われます。
　1〜9はそのまま覚えます。
　「十一」「十二」の「十」に当たるのは **belas** です。「十いくつ」は各数字の後に **belas** を付けますが、11のみ **satu** [サトゥ] の代わりに接頭辞 **se-** [ス] を用い、**sebelas** となります。
　2桁以上の数字の1（**satu** [サトゥ]）も **se-** [ス] となります。たとえば、10は **sepuluh** [スプル]「**se-** ＋ **puluh**（10の位）」、100は **seratus** [スラトゥス]「**se-** ＋ **ratus**（100の位）」、1,000は **seribu** [スリブ]「**se-** ＋ **ribu**（1000の位）」です。
　10,000以上は、「コンマの左側の数字 ＋ 1,000（**ribu**）」の組み合わせで表現し、10,000は **sepuluh ribu** [スプル リブ]、100,000は **seratus ribu** [スラトゥス リブ] となります。1,000,000は **satu juta** [サトゥ ジュタ] です。

| 0 | **kosong** コソン(グ) | 4 | **empat** ウンパッ |
| 1 | **satu** サトゥ | 5 | **lima** リマ |
| 2 | **dua** ドゥア | 6 | **enam** ウナム |
| 3 | **tiga** ティガ | 7 | **tujuh** トゥジュ |

| | | | |
|---|---|---|---|
| 8 | **lapan** <br> ラパン | 110 | **seratus sepuluh** <br> スラトゥス　スプル |
| 9 | **sembilan** <br> スンビラン | 200 | **dua ratus** <br> ドゥア　ラトゥス |
| 10 | **sepuluh** <br> スプル | 1,000 | **seribu** <br> スリブ |
| 11 | **sebelas** <br> スブラス | 2,000 | **dua ribu** <br> ドゥア　リブ |
| 12 | **dua belas** <br> ドゥア　ブラス | 10,000 | **sepuluh ribu** <br> スプル　リブ |
| 13 | **tiga belas** <br> ティガ　ブラス | 20,000 | **dua puluh ribu** <br> ドゥア　プル　リブ |
| 20 | **dua puluh** <br> ドゥア　プル | 100,000 | **seratus ribu** <br> スラトゥス　リブ |
| 21 | **dua puluh satu** <br> ドゥア　プル　サトゥ | 1,000,000 | **satu juta** <br> サトゥ　ジュタ |
| 100 | **seratus** <br> スラトゥス | 10億 | **satu bilion** <br> サトゥ　ビリオン |
| 101 | **seratus satu** <br> スラトゥス　サトゥ | 1兆 | **satu trilion** <br> サトゥ　トゥリリオン |

大きな数字は se- ではなく、satu を用いることが多いです。

*PART 1　すぐに使える！マレーシア語の基本《発音・文法・基本単語》*

## 【序数，数字に関する語】

| 最初, 1番目 | **pertama** プルタマ |
|---|---|
| 2番目 | **kedua** クドゥア |

2以上の序数は数字の前に接頭辞 ke- を付けます。

| 3番目 | **ketiga** クティガ |
|---|---|
| 最後 | **terakhir** トゥルアキル |
| 1回目, 1度目 | **kali pertama** カリ プルタマ |

「1回目、1度目」のみ pertama kali とも言います。

| 2回目, 2度目 | **kali kedua** カリ クドゥア |
|---|---|
| 3回目, 3度目 | **kali ketiga** カリ クティガ |
| 1回, 1度 | **sekali** スカリ |

satu の代わりに接頭辞 se- を付けます。

| 2回, 2度 | **dua kali** ドゥア カリ |
|---|---|

| 0.5 | **kosong perpuluhan lima** コソン プルプルハン リマ |
|---|---|
| 1/2, 半分 | **satu per dua / setengah** サトゥ プル ドゥア ストゥ(ン)ガ |

suku jam [スク ジャム]
1/4「1時間の1/4」は、「15分」の意味です。

| 1/4 | **satu per empat / suku** サトゥ プル ウンパッ スク |
|---|---|
| 2倍 | **dua kali ganda** ドゥア カリ ガンダ |
| 3階 | **tingkat tiga** ティンカッ ティガ |
| 4人 | **empat orang** ウンパッ オラン(グ) |
| 5枚 | **lima helai** リマ フライ |
| 6匹, 頭 | **enam ekor** ウナム エコル |
| 7個 | **tujuh buah** トゥジュ ブア |

小さいものは biji [ビジ]「粒」

| 20リンギット | **dua puluh ringgit** ドゥア プル リンギッ |
|---|---|

マレーシアの通貨

## 【曜日，月】

*「何曜日ですか？」は Hari apa?〔ハリ アパ〕*

|  |  |  |
|---|---|---|
| 日曜日 | **hari Ahad / hari Minggu** | ハリ アハッ　ハリ ミング |
| 月曜日 | **hari Isnin** | ハリ イスニン |
| 火曜日 | **hari Selasa** | ハリ スラサ |
| 水曜日 | **hari Rabu** | ハリ ラブ |
| 木曜日 | **hari Khamis** | ハリ カミス |
| 金曜日 | **hari Jumaat** | ハリ ジュマアッ |
| 土曜日 | **hari Sabtu** | ハリ サッ(ブ)トゥ |
| 1月 | **Januari** | ジャヌアリ |
| 2月 | **Februari** | フェブルワリ |
| 3月 | **Mac** | マッ(チ) |
| 4月 | **April** | アプリル |
| 5月 | **Mei** | メイ |
| 6月 | **Jun** | ジュン |
| 7月 | **Julai** | ジュライ |
| 8月 | **Ogos** | オコ(ス) |
| 9月 | **September** | セプテンブル |
| 10月 | **Oktober** | オクトブル |
| 11月 | **November** | ノヴェンブル |
| 12月 | **Disember** | ディセンブル |

*「何月ですか？」は Bulan apa?〔ブラン アパ〕*

CD 14

PART 1 すぐに使える！マレーシア語の基本《発音・文法・基本単語》

31

## 【1日，時刻】

朝（〜12時） **pagi**
パギ

昼（12〜14時） **tengah hari**
トゥ(ン)ガ　ハリ

夕方（14〜19時） **petang**
プタン(グ)

夜（19時〜） **malam**
マラム

今 **sekarang**
スカラン(グ)

以前 **dahulu**
ダフル

先ほど **tadi**
タディ

後で **nanti**
ナンティ

時 **pukul**
プクル
「打つ、たたく」の意味もあります。

分 **minit**
ミニッ

午前0時（真夜中の12時）
**pukul dua belas tengah malam**
プクル　ドゥア　ブラス　トゥ(ン)ガ　マラム

午前7時
**pukul tujuh pagi**
プクル　トゥジュ　パギ

午前11時
**pukul sebelas pagi**
プクル　スブラス　パギ

正午（昼の12時）
**pukul dua belas tengah hari**
プクル　ドゥア　ブラス　トゥ(ン)ガ　ハリ

午後5時
**pukul lima petang**
プクル　リマ　プタン(グ)

午後10時
**pukul sepuluh malam**
プクル　スプル　マラム

時刻は「pukul + 数字(1〜12)」で表し、昼夜を明確にする場合は、pagi「朝」、tengah hari「昼」、petang「昼〜夕方」、malam「夜」を後に付けます。「午前0時」は「真夜中12時」と言います。

何時ですか？ **Pukul berapa?**
プクル　　ブラパ

minit「分」は口語では省略可。

○時△分 **Pukul ○△ minit**　　7時5分です。**Pukul 7.05 (minit).**
　　　　　プクル　　　ミニッ　　　　　　　　　　プクル トゥジュリマ　ミニッ

ちょうど **tepat**　　　　　　1時ちょうど **tepat pukul 1**
　　　　　トゥパッ　　　　　　　　　　　　　　　トゥパッ　プクル　サトゥ

～頃, おおよそ **kira-kira**　　4時頃 **kira-kira pukul 4**
　　　　　　　キラキラ　　　　　　　　キラキラ　プクル　ウンパッ

kira-kiraは「約、だいたい、前後」

～前 **lagi**
　　　ラギ

「15分」は suku jam [スクジャム]
「1/4時間」とも言います。

9時15分前です。**15 minit lagi pukul 9.**
　　　　　　　　　リマ　プラス ミニッ　ラギ　プクル　スンビラン

30分 **tiga puluh (minit)**　　半（半分）**setengah**
　　　ティガ　プル　ミニッ　　　　　　　　　ストゥ（ン）ガ

6時30分
**pukul 6 tiga puluh (minit)**
プクル ウナム ティガ　プル　ミニッ

6時半
**pukul 6 setengah**
プクル ウナム　ストゥ（ン）ガ

30 minit「30分」またはsetengah「半」を用いますが、setengahの後にminit「分」は使いません。

【年月日】 ○には「日」「週」「月」「年」、△には「週」「月」「年」、~には「数字」が入ります。P31、P59も合わせて参照のこと。

| 日 | **hari** ハリ | 週 | **minggu** ミング |
|---|---|---|---|
| 月／~か月 | **bulan** ブラン | 年 | **tahun** タフン |

| 今○ | ○ **ini** イニ | 今日 | **hari ini** ハリ イニ |

「一晩」の意味もあります。

| 昨日 | **semalam** スマラム | 明日 | **esok** エソッ |

| 先△／昨△ | △ **lepas** ルパス | 先週 | **minggu lepas** ミング ルパス |
| 来△ | △ **depan** ドゥパン | 来週 | **minggu depan** ミング ドゥパン |

| ~○前 | ~ ○ **lepas** ルパス | 2日前 | **2 hari lepas** ドゥア ハリ ルパス |
| ~○後 | ~ ○ **lagi** ラギ | 2日後 | **2 hari lagi** ドゥア ハリ ラギ |
| 毎○ | **setiap** ○ スティアッ(プ) | 毎日 | **setiap hari** スティアッ(プ) ハリ |
| ~○間 | ~ ○ | 2日間 | **2 hari** ドゥア ハリ |

## 【期間，イベント】

何時間ですか？
**Berapa jam?**
ブラパ　ジャム

P33の pukul berapa?
[プクル ブラパ]
「何時ですか？」
との違いに注意。

1時間　　**satu jam**
　　　　　サトゥ　ジャム

何日間ですか？
**Berapa hari?**
ブラパ　　ハリ

「日」を「週」「月」「年」
に入れ替えると応用できます。

3日間　　**tiga hari**
　　　　　ティガ　ハリ

どれくらいの期間ですか？
**Berapa lama?**
ブラパ　　ラマ

2週間　　**dua minggu**
　　　　　ドゥア　ミング

4か月間　**empat bulan**
　　　　　ウンパッ　ブラン

10年間　**sepuluh tahun**
　　　　　スプル　　タフン

祝日　　　**cuti awam**
　　　　　チュティ　アワム

週末　　　**hujung minggu**
　　　　　フジュン(グ)　ミング

誕生日　　**hari jadi**
　　　　　ハリ　ジャディ

(結婚, 創立) 記念日
　　　　　**hari ulang tahun**
　　　　　ハリ　ウラン(グ)　タフン

断食月　　**bulan puasa**
　　　　　ブラン　プアサ

断食明け大祭　**Hari Raya Aidilfitri**
　　　　　ハリ　ラヤ　アイディルフィトリ

新年　　　**tahun baru**
　　　　　タフン　バル

中国暦正月　**Tahun Baru Cina**
　　　　　タフン　バル　チナ

ディーパバリ　**Deepavali**
　　　　　ディパヴァリ

ヒンドゥー教最大の光の祭り。

クリスマス　**Hari Krismas**
　　　　　ハリ　クリスマス

国家記念日　**Hari Kebangsaan**
　　　　　ハリ　クバン(グ)サアン

PART 1
すぐに使える！マレーシア語の基本《発音・文法・基本単語》

35

> 色の後に tua〔トゥア〕「濃い」や muda〔ムダ〕「薄い」
> を入れると、biru tua〔ビルトゥア〕「紺」、
> biru muda〔ビルムダ〕「水色」など応用できます。

## 【色】

| | | |
|---|---|---|
| 赤 | **merah** メラ | |
| 白 | **putih** プティ | |
| 青 | **biru** ビル | |
| 緑 | **hijau** ヒジャウ | |
| 黄色 | **kuning** クニン(グ) | |
| 黒 | **hitam** ヒタム | |
| グレー | **kelabu** クラブ | |
| 茶色 | **coklat** チョクラッ | |
| 紫 | **ungu** ウ(ン)グ | |

## 【方位, 位置】

| | | |
|---|---|---|
| 上 | **atas** アタス | |
| 下 | **bawah** バワ | |
| 右 | **kanan** カナン | |
| 左 | **kiri** キリ | |
| 前 | **depan** ドゥパン | |
| 後 | **belakang** ブラカン(グ) | |
| 外 | **luar** ルアル | |
| 内, 中 | **dalam** ダラム | |
| 真ん中 | **tengah** トゥ(ン)ガ | |

## 【形容詞（感情）】

|  |  |
|---|---|
| うれしい | **gembira** グンビラ |
| 悲しい | **sedih** スディ |
| 落ち着いた | **tenang** トゥナン(グ) |
| 困難な, 大変な | **susah** スサ |
| 怖い | **takut** タクッ |
| 心配な | **risau** リサウ |
| 安心な | **lega** ルガ |
| 恥ずかしい | **malu** マル |
| 怒った | **marah** マラ |

## 【形容詞（味覚）】

|  |  |
|---|---|
| 甘い | **manis** マニス |
| 辛い | **pedas** プダス |
| 塩辛い | **masin** マスィン |
| 酸っぱい | **masam** マサム |
| 苦い | **pahit** パヒッ |
| 味がない | **tawar** タワル |
| おいしい | **sedap** スダッ(プ) |
| 生焼け | **setengah masak** ステゥ(ン)ガ マサッ |
| 腐っている | **basi** バスィ |

PART 1 すぐに使える！マレーシア語の基本《発音・文法・基本単語》

## 【形容詞（性格,性質）】

| 熱心な | **rajin** ラジン |
| --- | --- |
| なまけた | **malas** マラス |
| 頭のよい, 上手な | **pandai** パンダイ |
| 頭の悪い | **bodoh** ボド |
| 厳しい | **tegas** トゥガス |
| 社交的な | **peramah** プラマ |
| 面白い | **lucu / menarik** ルチュ　ムナリッ |
| 活発な | **aktif** アクティフ |
| 変な | **pelik** プリッ |

## 【形容詞（形状,状態）】

| 美人な | **cantik** チャンティッ |
| --- | --- |
| かわいい | **comel** チョメル |
| かっこいい | **segak** セガッ |
| 若い | **muda** ムダ |
| 老いた | **tua** トゥア |
| 太った | **gemuk** グムッ |
| やせた | **kurus** クルス |
| お腹がいっぱいの | **kenyang** クニャン（グ） |
| 空腹の | **lapar** ラパル |

| | | | | |
|---|---|---|---|---|
| 大きい | **besar**<br>ブサル | | 重い | **berat**<br>ブラッ |
| 小さい | **kecil**<br>クチル | | 軽い | **ringan**<br>リ(ン)ガン |
| (高さが)高い | **tinggi**<br>ティンギ | | 新しい | **baru**<br>バル |
| 低い | **rendah**<br>ルンダ | | 古い | **lama**<br>ラマ |
| 長い | **panjang**<br>パンジャン(グ) | | 硬い，堅い | **keras**<br>クラス |
| 短い | **pendek**<br>ペンデッ | | やわらかい | **lembut**<br>ルンブッ |
| 広い | **luas**<br>ルアス | | 遠い | **jauh**<br>ジャウ |
| 狭い | **sempit**<br>スンピッ | | 近い | **dekat**<br>ドゥカッ |
| 多い | **banyak**<br>バーャッ | | 明るい | **terang**<br>トゥラン(グ) |
| 少ない | **sedikit**<br>スディキッ | | 暗い | **gelap**<br>グラッ(プ) |

PART 1　すぐに使える！マレーシア語の基本《発音・文法・基本単語》

| | | | |
|---|---|---|---|
| （値段が）高い | **mahal** マハル | よい | **baik** バイッ |
| 安い | **murah** ムラ | 悪い（生物） | **jahat** ジャハッ |
| 満杯の | **penuh** プヌ | 悪い（生物以外），古い | **buruk** ブルッ |
| 空の，空いている | **kosong** コソン(グ) | 早い | **awal** アワル |
| 清潔な | **bersih** ブルスィ | 速い | **cepat** チュパッ |
| 汚い | **kotor** コトル | 遅い | **lambat** ランバッ |
| 難しい，困難な | **susah** スサ | 好き | **suka** スカ |
| 簡単な | **senang** スナン(グ) | きらい，憎い | **benci** ブンチ |
| お金持ちの | **kaya** カヤ | 暑い，熱い，暖かい | **panas** パナス |
| 貧乏な | **miskin** ミスキン | 寒い，冷たい，涼しい | **sejuk** スジュッ |

## 【動詞】

|  |  | |  |  |
|---|---|---|---|---|
| 食べる | **makan** マカン | | 入る | **masuk** マスッ |
| 飲む | **minum** ミヌム | | 出る | **keluar** クルアル |
| 行く | **pergi** プルギ | | 尋ねる | **tanya** タニャ |
| 来る | **datang** ダタン(グ) | | 答える | **jawab** ジャワッ(ブ) |
| 出発する | **bertolak / berlepas** ブルトラッ ブルルパス | | 忘れる | **lupa** ルパ |
| 到着する | **sampai / tiba** サンパイ ティバ | | 覚えている, 思い出す | **ingat** イ(ン)ガッ |
| 起きる | **bangun** バ(ン)グン | | 開ける, 開く | **buka** ブカ |
| 寝る | **tidur** ティドゥル | | 閉める, 閉まる | **tutup** トゥトゥッ(プ) |
| 待つ | **tunggu** トゥング | | あげる, 与える | **beri** ブリ |
| | | | もらう, 受け取る | **terima** トゥリマ |

PART 1 すぐに使える！マレーシア語の基本《発音・文法・基本単語》

41

| 日本語 | インドネシア語 | カナ | 日本語 | インドネシア語 | カナ |
|---|---|---|---|---|---|
| 始まる, 始める | **mula** | ムラ | ある, いる, 持つ | **ada** | アダ |
| 終わる, 終える | **habis** | ハビス | 住む | **tinggal** | ティンガル |
| 乗る, 上る | **naik** | ナイッ | 宿泊する | **menginap** | ム(ン)ギナッ(プ) |
| 降りる, 下る | **turun** | トゥルン | 会う | **jumpa** | ジュンパ |
| 立つ | **berdiri** | ブルディリ | 電話する | **telefon** | テレフォン |
| 座る, 住む | **duduk** | ドゥドゥッ | 送る | **kirim** | キリム |
| 走る, 逃げる | **berlari** | ブルラリ | 試す | **cuba** | チュバ |
| 歩く | **berjalan** | ブルジャラン | 呼ぶ | **panggil** | パンギル |
| 止まる | **berhenti** | ブルフンティ | 洗う | **cuci** | チュチ |
| 立ち寄る | **singgah** | スィンガ | 水浴びする | **mandi** | マンディ |

| | | | | |
|---|---|---|---|---|
| 見る | **tengok**<br>テンゴッ | | 借りる | **pinjam**<br>ピンジャム |
| (公演などを)観る | **tonton**<br>トントン | | 賃借する | **sewa**<br>セワ |
| 聞く | **dengar**<br>ドゥ(ン)ガル | | 注文する,<br>予約する | **pesan**<br>プサン |
| 話す | **cakap**<br>チャカッ(プ) | | 支払う | **bayar**<br>バヤル |
| 考える | **fikir**<br>フィキル | | 取り替える,<br>交換する | **tukar / ganti**<br>トゥカル ガンティ |
| 読む | **baca**<br>バチャ | | しまう,<br>管理する | **simpan**<br>スィンパン |
| 書く | **tulis**<br>トゥリス | | 使い果たす,<br>尽きる | **habis**<br>ハビス |
| 買う | **beli**<br>ブリ | | 紛失する | **hilang**<br>ヒラン(グ) |
| 売る | **jual**<br>ジュアル | | 捨てる | **buang**<br>ブアン(グ) |
| 選ぶ | **pilih**<br>ピリ | | 探す | **cari**<br>チャリ |

PART 1 すぐに使える！マレーシア語の基本 《発音・文法・基本単語》

43

| | | | | |
|---|---|---|---|---|
| 使う，着る | **pakai**<br>パカイ | | 働く | **bekerja**<br>ブクルジャ |
| 取る | **ambil**<br>アンビル | | 勉強する，習う | **belajar**<br>ブラジャル |
| 手に入れる | **dapat**<br>ダパッ | | 教える | **ajar**<br>アジャル |
| 運ぶ | **angkat**<br>アンカッ | | 遊ぶ | **bermain**<br>ブルマイン |
| 持って行く | **bawa**<br>バワ | | 休憩する | **berehat**<br>ブルレハッ |
| 一緒に行く | **ikut**<br>イクッ | | 買い物する | **beli-belah**<br>ブリブラ |
| 見送る，提出する | **hantar**<br>ハンタル | | 歌う | **nyanyi**<br>ニャニ |
| 出迎える | **jemput**<br>ジュンプッ | | 踊る | **menari**<br>ムナリ |
| 手伝う，助ける | **bantu**<br>バントゥ | | 結婚する | **berkahwin**<br>ブルカウィン |
| じゃまをする | **ganggu**<br>ガング | | 別れる | **berpisah**<br>ブルピサ |

# PART 2

## すぐに話せる！マレーシア語の頭出しパターン 19

### 1.「私は〜です」

# Saya ~.
サヤ

◆自己紹介

**saya** の後に名前，国籍，職業を入れて自己紹介をします。相手に名前をたずねる表現は，**Siapa nama awak?** [スィアパ　ナマ　アワッ]「あなたの名前は何ですか？」です。ていねいな表現は P76 を参照ください。

「あなた」は相手の年齢や性別によって単語を入れ替えてください。
人称代名詞は P15 参照。

### 例文で使い方をマスターしましょう！

☐ 私は田中亜弓です。

**Saya Ayumi Tanaka.**
サヤ　　アユミ　　タナカ

☐ 私は日本人です。

**Saya orang Jepun.**
サヤ　オラン（グ）　ジュプン

☐ 私は会社員です。

**Saya pekerja syarikat.**
サヤ　　プクルジャ　　シャリカッ

☐ 私は大学生です。

**Saya mahasiswa.** pelajar universiti
サヤ　　マハスィスワ　　〔プラジャル　ユニヴァルスィティ〕
とも言います。

## 2.「〜がほしいのですが」「〜したいのですが」

# Saya mahu / nak ＋ 名詞／動詞．
サヤ　　マフ　　　ナッ
　　　　　　　　　　　口語

◆希望を伝える

mahu は希望や意図を伝える表現で、mahu の後には「ほしいもの（名詞）」や「したいこと（動詞）」（目的語を伴うこともあります）を入れます。口語では nak [ナッ] をよく使います。

例文で使い方をマスターしましょう！

□ **これ**がほしいのですが。

**Saya mahu ini.**
サヤ　　マフ　　イニ

□ **小さい**のがほしいのですが。

**Saya nak yang kecil.**
サヤ　　ナッ　ヤン（グ）　クチル

先行する名詞を省略して「〜の（物）」「〜の（人）」の意味になります。

□ **串焼き**を食べたいのですが。

**Saya nak makan sate.**
サヤ　　ナッ　マカン　サテ

□ **トイレ**に行きたいのですが。

**Saya nak ke tandas.**
サヤ　　ナッ　ク　タンダス

## 3.「～が好きです」「～するのが好きです」

**Saya suka ＋ 名詞／動詞 .**
サヤ　　スカ

◆ 「好み」や「習慣」の表現

　**suka** の後には名詞や動詞を置きます。**Saya suka** ＋動詞 . は「～するのが好き」です。

例文で使い方をマスターしましょう！

□ 私はドリアンが好きです。

**Saya suka durian.**
サヤ　　スカ　　ドゥリアン

□ 私はゴルフが好きです。

**Saya suka golf.**
サヤ　　スカ　　ゴルフ

□ 私は踊るのが好きです。

**Saya suka menari.**
サヤ　　スカ　　ムナリ

□ 彼は旅行するのが好きです。

**Dia  suka melancong.**
ディア　スカ　　ムランチョン(グ)

48

## 4.「～がありますか？／いますか？」

**Ada ＋ 名詞 ? ⇒ Ada. / Tidak ada. / Tiada.**
アダ　　　　　　　　　　アダ　　　ティダッ　アダ　　　ティアダ
　　　　　　　　　　「あります」　　「ありません」　口語

### ◆物や人の存在をたずねる

「(物)がありますか？」「(人)がいますか？」と存在をたずねる時に使い、返答は **Ada.** [アダ]「ある,いる」, **Tidak ada.** [ティダッ アダ]「ない,いない」となります。物を依頼する時にも使います。

**例文で使い方をマスターしましょう！**

□ 箸はありますか？

**Ada penyepit?**
アダ　プニュピッ

□ この博物館のパンフレットはありますか？

**Ada risalah muzium ini?**
アダ　リサラ　ムズィウム　イニ

□ このあたりに面白いところはありますか？

**Ada tempat menarik di sekitar sini?**
アダ　トゥンパッ　ムナリッ　ディ　スキタル　スィニ

□ 日本語を話せる人はいますか？

**Ada orang yang boleh berbahasa Jepun?**
アダ　オラン(グ)　ヤン(グ)　ボレ　ブルバハサ　ジュプン

## 5.「〜ができますか？」

# Boleh ＋ 動詞？ ⇒ Boleh. / Tidak boleh.
ボレ　　　　　　　　　　ボレ　　　ティダッ　　ボレ
　　　　　　　　　　　　「できます」「できません」

### ◆人に依頼する

「〜できますか？」と可能かどうかをたずねる表現ですが，人に何かを依頼する時にも使われる丁寧な表現です。返答は **Boleh.**［ボレ］「できます」，**Tidak boleh.**［ティダッ　ボレ］「できません」となります。

> 例文で使い方をマスターしましょう！

□ タクシーを呼ぶことはできますか？

**Boleh panggil teksi ?**
ボレ　　パンギル　テクスィ

*予約の日時を指定するなら、文末に untuk esok［ウントゥッ エソッ］「明日のために」などを付けてください。*

□ そこへは歩いて行けますか？

**Boleh jalan kaki ke sana?**
ボレ　ジャラン　カキ　ク　サナ

*「車で」は guna kereta［グナ クレタ］*

□ ボールペンを借りてもいいですか？

**Boleh pinjam pen?**
ボレ　　ピンジャム　ペン

□ 日本料理レストランに案内してもらえませんか？

**Boleh hantar ke restoran masakan Jepun?**
ボレ　　ハンタル　ク　レストラン　　マサカン　　ジュプン

## 6.「〜してもいいですか？」

**Boleh ＋ 動詞 ? ⇒ Boleh. / Tidak boleh.**
ボレ　　　　　　　　　　　　　ボレ　　　ティダッ　　ボレ
　　　　　　　　　　　　　「いいです」　「だめです」

### ◆ 許可を求める

P50で紹介した **boleh** には「〜してよい」の意味もあり、自分の行動の許可を相手に求めるときにも使います。返答は **Boleh.** ［ボレ］「いいですよ」、**Tidak boleh.** ［ティダッ　ボレ］「だめです」になります。

**例文で使い方をマスターしましょう！**

□ お聞きしてもいいですか？

**Boleh bertanya? / Boleh tumpang tanya?**
ボレ　ブルタニャ　　　ボレ　トゥンパン(グ)　タニャ

どちらの表現もよく使います。

□ これをもらってもいいですか？

**Boleh ambil ini?**
ボレ　アンビル　イニ

□ 試してもいいですか？

**Boleh cuba?**
ボレ　チュバ

試着、試食、試乗など何でも試したいことに使います。

□ ここでたばこを吸ってもいいですか？

**Boleh merokok di sini?**
ボレ　ムロコッ　ディ　スィー

## 7.「〜をください」

### Minta ＋ 名詞（＋数字）.
ミンタ

◆ 相手に物を依頼する

「〜をください」と相手に物を頼むときの表現で、**minta**［ミンタ］「頼む，求める」の後に名詞が来ます。名詞の後に数字を入れて「〜を〇個ください」と言うこともできます。

例文で使い方をマスターしましょう！

□ メニューをください。

**Minta menu.**
ミンタ　メニュ

□ コーヒーを2つください。

**Minta kopi dua.**
ミンタ　コピ　ドゥア

□ 砂糖なしの紅茶をください。

**Minta teh tanpa gula.**
ミンタ　テ　タンパ　グラ

マレーシアのコーヒーや紅茶は砂糖入りが主流です。無糖がほしければ、注文時に伝えましょう。

□ あれと同じ料理をください。

**Minta masakan yang sama dengan itu.**
ミンタ　マサカン　ヤン（グ）　サマ　ドゥ（ン）ガンイトゥ

## 8.「〜してください」

# Tolong + 動詞（＋目的語）．
トロン（グ）

### ◆ ていねいに依頼する

相手に「〜してください」と依頼する表現で，英語の please に相当します。**tolong**［トロン（グ）］「手助けする」は動詞の前に置きますが，単独で用いると，**Tolong!**［トロン（グ）］「助けて！」の意味になります。

### 例文で使い方をマスターしましょう！

□ タクシーを呼んでください。

**Tolong panggil teksi.**
トロン（グ）　パンギル　テクスィ

□ ゆっくり話してください。

**Tolong cakap perlahan-lahan.**
トロン（グ）チャカッ（プ）　プルラハンラハン

□ 部屋を掃除してください。

**Tolong bersih bilik.**
トロン（グ）　ブルスィ　ビリッ

□ 部屋の荷物を取りに来てください。

**Tolong ambil barang di bilik.**
トロン（グ）　アンビル　バラン（グ）　ディ　ビリッ

PART 2　すぐに話せる！マレーシア語の頭出しパターン19

53

### 9.「どうぞ〜してください」「どうぞ」

**Sila + 動詞. / Sila(kan).**
スィラ　　　　　　スィラ　カン

◆ ていねいに勧める

相手に何かをするように勧める表現です。**Sila(kan).**「どうぞ」は単独で用いられ，P51の **Boleh + 動詞？**「〜してもいいですか？」の返答 **Boleh.**［ボレ］「いいですよ」の代わりにも使えます。

例文で使い方をマスターしましょう！

□ どうぞお取りください。

**Sila ambil.**
スィラ　アンビル

□ どうぞ紅茶をお飲みください。

**Sila minum teh.**
スィラ　ミヌム　テ

□ どうぞこちらでお待ちください。

**Sila tunggu di sini.**
スィラ　トゥング　デイ　スィニ

□ どうぞ先にお帰りください。

**Sila balik dahulu.**
スィラ　バリッ　ダフル

## 10.「〜しましょう」「さあ〜しましょう」

**Mari (kita) + 動詞. / Jom + 動詞.**
マリ　　キタ　　　　　　　　　ジョム

◆ 相手を誘う

相手を勧誘する表現で **Jom** は口語です。**Jom! Jom!**[ジョムジョム]「さあ！さあ！」など単独で使うこともあります。

### 例文で使い方をマスターしましょう！

☐ 飲みましょう。

**Mari minum.**
マリ　ミヌム

☐ 一緒に行きましょう。

**Mari kita pergi bersama-sama.**
マリ　キタ　プルギ　　ブルサマサマ

☐ さあ食べましょう。

**Jom makan.**
ジョム　マカン

☐ さあマレーシア語を勉強しましょう。

**Jom belajar bahasa Melayu.**
ジョム　ブラジャル　　バハサ　　ムラユ

## 11.「〜しないでください」「〜はだめです」

# Jangan ＋ 動詞．
ジャ(ン)ガン

◆ 禁止を伝える

　**Jangan** ＋動詞．「〜しないでください」「〜してはいけません」は禁止を表します。**Jangan.** を単独で使うと「だめです」「やめてください」の意味です。

例文で使い方をマスターしましょう！

□ 入ってはいけません。

**Jangan masuk.**
ジャ(ン)ガン　マスッ

□ 生水（水道水）を飲んではいけません。

**Jangan minum air paip.**
ジャ(ン)ガン　ミヌム　アイルパイッ(プ)

マレーシアの水道水は飲めません。

□ このホテル内にドリアンを持ち込んではいけません。

**Jangan bawa durian ke dalam hotel ini.**
ジャ(ン)ガン　バワ　ドゥリアン　ク　ダラム　ホテル　イニ

□ 忘れないでください。明日の朝，オフィスで会いましょう。

**Jangan lupa. Jumpa di pejabat pagi esok.**
ジャ(ン)ガン　ルパ　ジュンパ　ディ　プジャバッ　パギ　エソッ

## 12.「何？」

# Apa?
アパ

◆「事」や「物」についてたずねる

apa「何」は英語の what に相当する疑問詞で，知りたい事や物についてたずねます。曜日や月をたずねる時にも apa を用います（→ P31）。

### 例文で使い方をマスターしましょう！

□ これは何ですか？

**Ini apa?**
イニ　アパ

□ この魚の名前は何ですか？

**Apa nama ikan ini?**
アパ　ナマ　イカン　イニ

□ 何をしていますか？／何を作っていますか？

**Buat apa?** —— buat には「する」「作る」の意味があります。
ブアッ　アパ

□ 何かあったのですか（どうしたのですか）？

**Ada apa?**
アダ　アパ

## 13.「だれ？」

# Siapa?
スィアパ

◆「人」についてたずねる

**siapa**「だれ」は英語の who に相当する疑問詞で，知りたい人についてたずねるときに使います。人の名前をたずねる時は，**apa**「何」を用いるのは失礼です。**siapa**「だれ」を使いましょう。

### 例文で使い方をマスターしましょう！

□ あなたの名前は何ですか？

**Siapa nama awak?**
スィアパ　ナマ　アワッ

awak「あなた」には、目上の男性なら encik [ウンチッ]、目上の女性なら puan [プアン] などを入れます。P15 参照。

□ そちらはどなたですか？

**Itu siapa?**
イトゥ スィアパ

□ この手荷物はだれのですか？

**Bagasi ini milik siapa?**
バガスィ　イニ　ミリッ　スィアパ

□ あなたはだれと行きますか？

**Awak pergi dengan siapa?**
アワッ　プルギ　ドゥ（ン）ガン　スィアパ

## 14.「いくら?」「どのくらい?」

# Berapa?
ブラパ

◆「数」や「量」をたずねる

**berapa**「いくら」「どのくらい」は数や量をたずねる疑問詞で、英語の how much / how many に相当します。**berapa** の後に **hari**[ハリ]「日」, **minggu**[ミング]「週」, **bulan**[ブラン]「月」, **tahun**[タフン]「年」を置くと、「何日間」,「何週間」,「何か月間」,「何年間」になります。

### 例文で使い方をマスターしましょう!

□ 何人ですか?

**Berapa orang?**
ブラパ　オラン(グ)

□ いくらですか?

**Berapa harga itu?**
ブラパ　ハルガ　イトゥ

□ あなたは何歳ですか?

**Umur awak berapa?**
ウムル　アワッ　ブラパ

□ 今日は何日ですか?

**Hari ini berapa hari bulan?**
ハリ　イニ　ブラパ　ハリ　ブラン

*Hari bulan berapa? とは言いません。年月日の順番は日本と逆で、「2014年5月3日です」は 3 hari bulan Mei 2014.[ティガ ハリ ブラン メイ ドゥア リブ ウンパッ ブラス]。「何年ですか?」は Tahun berapa? [タフン ブラパ]。数字は p28、月は p31 参照。*

## 15.「どれ？」「どこ？」

# Mana? / Di mana?
マナ　　　　ディ　　マナ

◆「場所」をたずねる

　**mana**「どれ」「どこ」は場所をたずねる疑問詞で，英語の which に相当します。方向の前置詞（P25 参照）と共に，**di mana**［ディ マナ］「どこで」（英語の where），**ke mana**［ク マナ］「どこへ」，**dari mana**［ダリ マナ］「どこから」のようにも使われます。

> 例文で使い方をマスターしましょう！

□ 私のかばんはどこですか？

**Mana beg saya?**
マナ　ベッ(グ)　サヤ

□ あなたはどこに住んでいますか？

**Awak tinggal di mana?**
アワッ　ティンガル　ディ　マナ
　duduk［ドゥドゥッ］も同じ意味です。

□ タクシー乗り場はどこですか？

**Di mana tempat naik teksi?**
ディ　マナ　トゥンパッ　ナイッ　テクスィ

□ どこでおみやげを買えますか？

**Di mana boleh beli cenderamata?**
ディ　マナ　ボレ　ブリ　チュンドゥラマタ
「おみやげ」は buah tangan［ブア タ(ン) ガン］とも言います。

60

## 16.「いつ？」

# Bila?
ビラ

◆「時」をたずねる

**bila**「いつ」は時をたずねる疑問詞で，英語の when に相当します。主に文頭に用いますが，口語では文末に用いることもあります。

> 例文で使い方をマスターしましょう！

□ あなたはいつ来ましたか？

**Bila awak datang?**
ビラ　アワッ　ダタン(グ)

□ いつクチンへ行きますか？

**Bila ke Kuching?**
ビラ　ク　クチン(グ)

□ 凧揚げ祭りはいつですか？

**Festival layang-layang bila?**
フェスティヴァル　ラヤン(グ)　ラヤン(グ)　ビラ

□ コタキナバル行きの便はいつですか？

**Bila penerbangan ke Kota Kinabalu?**
ビラ　プヌルバ(ン)ガン　ク　コタ　キナバル

PART 2 すぐに話せる！マレーシア語の頭出しパターン19

61

### 17.「何時？」

# Pukul berapa?
プクル　　　ブラパ

◆「時間」をたずねる

「何時ですか？」と時間をたずねる時には **Pukul berapa?** と言います。時間の答え方については，P32を参照してください。

**例文で使い方をマスターしましょう！**

☐ 店が開くのは何時ですか？

**Pukul berapa kedai buka?**
プクル　ブラパ　クダイ　ブカ

「閉まる」は
tutup [トゥトゥップ]

☐ 公演は何時に始まりますか？

**Pukul berapa pertunjukan bermula?**
プクル　ブラパ　プルトゥンジュカン　ブルムラ

☐ 私たちは何時に会いますか？

**Pukul berapa kita akan berjumpa?**
プクル　ブラパ　キタ　アカン　ブルジュンパ

☐ あなたは何時に出発しますか？

**Pukul berapa awak mahu bertolak?**
プクル　ブラパ　アワッ　マフ　ブルトラッ

## 18.「どのようにして？」「どうですか？」

# Bagaimana?
バガイマナ

◆「方法」「手段」「様態」などをたずねる

「どのような方法・手段で」「どのようにして」など方法，手段，様態をたずねる疑問詞で，英語のHowに相当します。買い物の値段交渉する時は，**Bagaimana kalau RM◯◯?**［バガイマナ　カラウ　◯◯　リンギッ］「◯◯リンギットでどうですか？」と言って希望金額を提示しましょう。

### 例文で使い方をマスターしましょう！

□ どのようにしてビーチへ行きますか？

**Bagaimana pergi ke pantai?**
バガイマナ　プルギ　ク　パンタイ

□ どのようにしてこの果物（果実）を食べますか？

**Bagaimana cara makan buah ini?**
バガイマナ　チャラ　マカン　ブア　イニ

「様々な種類の果物」は buah-buahan［ブアブアハン］

□ この料理の味はどうですか？

**Bagaimana rasa masakan ini?**
バガイマナ　ラサ　マサカン　イニ

□ 50リンギットでどうですか？

**Bagaimana kalau RM50?**
バガイマナ　カラウ　リマ プル リンギッ

通貨は、書く時は数字の前だが、読む時は数字の後に言います。RMは Ringgit Malaysia［リンギッ マレイシア］の略。

### 19.「なぜ？」「どうして？」→「〜だからです」

## Mengapa? / Kenapa? ⇒ Sebab / Kerana ....
ム（ン）ガパ　　　　クナパ

◆「理由」をたずねる

**mengapa** は「なぜ」「どうして」と理由をたずねる疑問詞で、英語の why に相当し、苦情を伝える時にも用いられます。口語では **kenapa**［クナパ］も使われ、**sebab**［スバッ（ブ）］**....** もしくは **kerana**［クラナ］**....**「〜だからです」で答えます。

> 例文で使い方をマスターしましょう！

□ なぜ遅れたのですか？

**Mengapa lambat?**
ム（ン）ガパ　ランバッ

□ 渋滞していたからです。

**Sebab kesesakan lalu lintas.**
スバッ（ブ）　クスサカン　ラル　リンタス

口語では、jem［ジェム］、jalan sesak［ジャラン スサッ］と言います。

□ なぜ参加しないのですか？

**Kenapa tidak ikut?**
クナパ　ティダッ　イクッ

□ もう疲れたからです。

**Kerana sudah penat.**
クラナ　スダ　プナッ

64

# PART 3

## すぐに話せる！
## よく使うマレーシア語の
## 基本・日常表現

# BAB 1 日常のあいさつ

## ショート対話

□ A: おはようございます。(〜 12 時)

**Selamat pagi.**
スラマッ　　パギ

□ B: おはようございます。(〜 12 時)

**Selamat pagi.**
スラマッ　　パギ

□ A: お元気ですか？

**Apa khabar?**
アパ　　カバル

□ B: 元気です。

**Khabar baik.**
カバル　　バイッ

---

**関連単語・表現**

○ こんにちは。(12 〜 14 時)
**Selamat tengah hari.**
スラマッ　トゥ(ン)ガ　ハリ

○ こんにちは。(14 〜 19 時)
**Selamat petang.**
スラマッ　　プタン(グ)

○ こんばんは。(19 時〜)
**Selamat malam.**
スラマッ　　マラム

○ 元気です。
**Sihat.**
シハッ

「健康な」という意味もあります。

## すぐに使えるフレーズ

□ 元気ですか？

### Sihat?
シハッ

□ 私も元気です。

### Saya pun sihat.
サヤ　プン　シハッ

→ juga [ジュガ] とも言います。

□ ひさしぶりですね。

### Sudah lama tidak berjumpa.
スダ　ラマ　ティダッ　ブルジュンパ

□ あなたのビジネスはいかがですか？

### Bagaimana perniagaan awak?
バガイマナ　プルニアガアン　アワッ

awak「あなた」には、目上の男性なら encik [ウンチッ]、既婚女性、目上の女性なら puan [プアン]、未婚女性、目下の女性なら cik [チッ]、名前がわかれば Lutif [ラティフ] などを入れます。P15参照。

□ 順調です。

### Lancar.
ランチャル

□ あまりよくないです。

### Kurang baik.
クラン(グ)　バイッ

人の健康にもビジネスの状況にも使われる返答です。

PART 3　すぐに話せる！よく使うマレーシア語の基本・日常表現

67

# BAB 2 別れぎわの一言

### ショート対話

□ A:（旅立つ人に対して）さようなら。

## Selamat jalan.
　スラマッ　　　ジャラン

*旅行などでしばらく会わない人に使い、会社や学校などで日常会う人には使いません。日常の「さようなら」はP66参照。*

□ B:（見送る人に対して）さようなら。

## Selamat tinggal.
　スラマッ　　　ティンガル

□ A: お気をつけて。

## Hati-hati.
　ハティハティ

□ B: また会いましょう。

## Jumpa lagi.
　ジュンパ　　ラギ

---

**関連単語・表現**

○また明日。
**Jumpa esok.**
ジュンパ　エソッ

○またあとで。
**Jumpa nanti.**
ジュンパ　ナンティ

○よい休暇を！
**Selamat bercuti!**
スラマッ　ブルチュティ

○道中お気をつけて。
**Hati-hati di jalan.**
ハティ ハティ ディ ジャラン

## すぐに使えるフレーズ

□ お先に失礼します。

**Saya balik dulu.**
サヤ　　バリッ　　ドゥル

返答は Silakan.
［スィラカン］「どうぞ」
P54 参照。

□ おいとまします。

**Saya minta diri dulu.**
サヤ　　ミンタ　　ディリ　　ドゥル

□ ちょっと待ってください。一緒に帰りましょう。

**Tunggu sekejap. Jom balik bersama-sama.**
トゥング　　スクジャッ(プ)　　ジョム　　バリッ　　　　ブルサマサマ

□ バイバイ！

*Bye-bye*!
バイバイ

□ 幸運を祈ります。

**Semoga berjaya.**
スモガ　　　　ブルジャヤ

□ 身体に気をつけて。

**Jaga diri baik-baik.**
ジャガ　　ディリ　　バイッバイッ

PART 3

すぐに話せる！よく使うマレーシア語の基本・日常表現

69

# BAB 3 感謝する／あやまる

## ショート対話

□ A: ありがとう。

**Terima kasih.**
　トゥリマ　　カスィ

□ B: どういたしまして。

**Sama-sama.**
　　サマサマ

□ A: ごめんなさい。

**Minta maaf.**
　ミンタ　　マアフ

※minta「求める」、maaf「謝罪」ですが Maaf [マアフ] だけでも「ごめんなさい」の意味です。

□ B: 何でもありません。／大丈夫です。

**Tak apa.**
　タッ　アパ

※takはtidak [ティダッ]「〜ない」の口語形です。Tak ada hal. [タッ アダッ ハル]「問題ない」、OK. [オーケイ]「大丈夫です」も同じ意味です。

### 関連単語・表現

○ どうもありがとうございます。
**Terima kasih banyak**
　トゥリマ　　カスィ　　バニャッ

○ 申し訳ありません。
**Mohon maaf.**
　モホン　　マアフ

○ 心配しないでください。
**Tak perlu risau.**
　タッ　プルル　リサウ

○ こちらこそごめんなさい。
**Maafkan saya juga.**
　マアフカン　サヤ　　ジュガ

## すぐに使えるフレーズ

□ おみやげをありがとう。

**Terima kasih atas cenderamata.**
トゥリマ　　カスィ　　アタス　　チュンドゥラマタ

「プレゼント」は hadiah [ハディア]

□ あなたのご親切に感謝します。

**Terima kasih atas kebaikan awak.**
トゥリマ　　カスィ　　アタス　　クバイカン　　アワッ

□ ごめんなさい，わかりません。

**Maaf, saya tidak faham.**
マアフ　　サヤ　　ティダッ　　ファハム

相手の言うことが理解できない時の返答。

□ ごめんなさい，知りません。

**Maaf, saya tidak tahu.**
マアフ　　サヤ　　ティダッ　　タフ

事実や情報を知らない時の返答。

□ すみません。

**Maafkan saya.**
マアフカン　　サヤ

英語のExcuse me.に相当し、人に話しかけたり、人ごみを通り抜ける時などに使います。

□ ごめん。

**Sorry.**
ソリ

軽く謝罪する場合は、英語が使われます。

PART 3　すぐに話せる！よく使うマレーシア語の基本・日常表現

# BAB 4 はい／いいえ

### ショート対話

□ A: あなたは日本人ですか？

**Awak orang Jepun?**
アワッ　オラン(グ)　ジュプン

※国名はP92参照。

□ B: はい。私は日本人です。

**Ya. Saya orang Jepun.**
ヤ　サヤ　オラン(グ)　ジュプン

□ A: あなたは大学生ですか？

**Awak mahasiswa?**
アワッ　マハスィスワ

□ B: 違います。私はビジネスマンです。

**Bukan. Saya peniaga.**
ブカン　サヤ　プニアガ

※名詞の否定に使われます。P21参照。

---

### 関連単語・表現

○そうです。／本当です。
**Betul. / Benar.**
ブトゥル　ブナル
※同意する時に、どちらも同じ意味で使われます。

○いいえ。
**Tidak.**
ティダッ
※形容詞、動詞の否定に使われます。P21参照。

○私は韓国人ではありません。
**Saya bukan orang Korea.**
サヤ　ブカン　オラン(グ)　コレア

○私は主婦です。
**Saya suri rumah (tangga).**
サヤ　スリ　ルマ　タンガ

## すぐに使えるフレーズ

□ わかりました。

**Saya faham.**
サヤ　　ファハム

*相手の言うことを理解できた時に使い、事実や情報を知っている時はtahu [タウ]「知っています」を使います。*

□ かしこまりました。／了解です。

**Baik.**
バイッ

□ もちろんです。

**Sudah tentu.**
スダ　　トゥントゥ

□ いやです。／いりません。

**Saya tidak mahu.**
サヤ　　ティダッ　　マフ

*「やりたくない」「ほしくない」など断る時に使います。*

□ 無理です。

**Mustahil.**
ムスタヒル

□ だめです。／やめて。

**Jangan.**
ジャ(ン)ガン

*強い否定です。*

73

## BAB 5 感情を伝える

### ショート対話

□ A: 私はマレー料理が好きです。

**Saya suka masakan Melayu.**
サヤ　スカ　マサカン　ムラユ

□ B: 私もです。おいしいでしょう？（おいしいですよね？）

**Saya pun. Sedap, kan?**
サヤ　プン　スダッ(プ)　カン

> 文末のkanはbukan[ブカン]の省略形で、「～でしょう？」「～ですね？」と確認したり、念を押します。

□ A: そうですか（そうですよね）。では，今回，私がおごりますね。

**Ya, kah. Kalau begitu, kali ini saya belanja, ya.**
ヤ　カ　カラウ　ブギトゥ　カリ　イニ　サヤ　ブランジャ　ヤ

> 「では」「それでは」の決まり文句です。

□ B: やった！

**Yeay!**
イエイ

---

### 関連単語・表現

○すばらしいです。
**Bagus.**
バグス

○すごいです（途方もないです）。
**Hebat.**
ヘバッ

○うらやましいです。
**Saya iri hati.**
サヤ　イリ　ハティ

○すごいです（並外れています）。
**Dahsyat.**
ダシャッ

## すぐに使えるフレーズ

☐ とても楽しいです。

# Saya sangat gembira.
サヤ　サ(ン)ガッ　グンビラ

☐ （興味深くて）おもしろいです。

# Menarik.
ムナリッ

☐ （おかしくて）おもしろいです。

# Lucu.
ルチュ

☐ 美しいです。／きれいです。

# Cantik.
チャンティッ

人にも物にも使います。
「かわいい」は comel [チョメル] で
人にも物にも使います。

☐ 残念です。

# Sayang.
サヤン(グ)

「愛する」という意味もあります。

☐ 大変だ（もうおしまいだ）！

# Habislah! / Alamak!
ハビスラ　　　アラマッ

## BAB 6 自己紹介（名前, 出身, 職業）

### ショート対話

□ A: はじめまして。私は理沙です。

**Selamat berkenalan. Saya Risa.**
スラマッ　　ブルクナラン　　　　サヤ　　　リサ

初対面のあいさつです。

□ B: 私はアリです。

**Saya Ali.**
サヤ　　アリ

□ A: あなたとお知り合いになれてうれしいです。

**Saya gembira dapat berkenalan dengan awak.**
サヤ　　　グンビラ　　　ダパッ　　ブルクナラン　　　ドゥ(ン)ガン　アワッ

□ B: 私もあなたとお知り合いになれてうれしいです。

**Saya juga gembira dapat berkenalan dengan awak.**
サヤ　ジュガ　グンビラ　　ダパッ　　ブルクナラン　　ドゥ(ン)ガン　アワッ

### 関連単語・表現

○あなたのお名前をうかがってもいいですか？
**Boleh tahu nama awak?**
ボレ　　タフ　　ナマ　　アワッ

○もちろんです。私の名前は拓也です。
**Sudah tentu. Nama saya Takuya.**
スダ　　トゥントゥ　　ナマ　　サヤ　　タクヤ

## すぐに使えるフレーズ

□ ご紹介します，こちらはファラです。

**Kenalkan, ini Farah.**
クナルカン　　イニ　　ファラ

□ こちらは日本からいらした永井翔太さんです。

**Ini Shota Nagai dari Jepun.**
イニ　ショータ　ナガイ　ダリ　ジュプン

□ あなたはどちらからいらっしゃいましたか？

**Awak dari mana?**
アワッ　ダリ　マナ

出身を聞く場合と、単に場所を聞く場合があります。

□ 私はジョホールバルから来ました。

**Saya dari Johor Bahru.**
サヤ　ダリ　ジョホル　バル

□ あなたのご職業は何ですか？

**Apa pekerjaan awak?**
アパ　プクルジャアン　アワッ

□ 私は会社員です。

**Saya pekerja syarikat.**
サヤ　プクルジャ　シャリカッ

# BAB 7 出会いのあいさつ〈宿泊先, 渡航目的・回数〉

## ショート対話

□ A: あなたはどちらにお泊りですか？

**Awak menginap di mana?**
アワッ　ム(ン)ギナッ(プ)　ディ　マナ

□ B: ホテルブンガに泊まっています。

**Saya menginap di Hotel Bunga.**
サヤ　ム(ン)ギナッ(プ)　ディ　ホテル　ブ(ン)ガ

□ A: あなたは何のために来ましたか？（訪問の目的は？）

**Awak datang untuk apa?**
アワッ　ダタン(グ)　ウントゥッ　アパ

□ B: 私は観光のために来ました。

**Saya datang untuk melancong.**
サヤ　ダタン(グ)　ウントゥッ　ムランチョン(グ)

---

### 関連単語・表現

○私は仕事で来ました。
**Saya datang atas urusan kerja.**
サヤ　ダタン(グ)　アタス　ウルサン　クルジャ

○私は友だちを訪問する予定です。
**Saya mahu mengunjungi kawan-kawan.**
サヤ　マフ　ム(ン)グンジュ(ン)ギ　カワンカワン

78

## すぐに使えるフレーズ

□ マレーシアは初めてですか？

# Pertama kali datang ke Malaysia?
プルタマ　カリ　ダタン(グ)　ク　マレイシア

□ はい，初めてです。

# Ya, pertama kali.
ヤ　プルタマ　カリ

※序数はP30参照。

□ もう3回目です。

# Sudah kali ketiga.
スダ　カリ　クティガ

□ この後，あなたはどちらへ行きますか？

# Selepas ini, awak akan ke mana?
スルパス　イニ　アワッ　アカン　ク　マナ

□ 私はペナン島に行きます。

# Saya akan ke Pulau Pinang.
サヤ　アカン　ク　プラウ　ピナン(グ)

□ 次回，私はマラッカに行きたいです。

# Lain kali, saya mahu ke Melaka.
ライン　カリ　サヤ　マフ　ク　ムラカ

PART 3

すぐに話せる！よく使うマレーシア語の基本・日常表現

# BAB 8 マレーシア語

## ショート対話

□ A: マレーシア語は話せますか？

**Boleh berbahasa Melayu?**
ボレ　　ブルバハサ　　ムラユ

「標準中国語」は bahasa Mandarin［バハサ マンダリン］

□ B: 話せますが，少しだけです。

**Boleh, tetapi sedikit sahaja.**
ボレ　　トゥタピ　　スディキッ　　サハジャ

「タミール語」は bahasa Tamil［バハサ タミル］
国名はP92参照。

□ A: あなたはとてもマレーシア語が上手ですね。

**Awak sangat pandai berbahasa Melayu.**
アワッ　サンガッ　パンダイ　ブルバハサ　ムラユ

□ B: ありがとう。私はまだ勉強中です。

**Terima kasih. Saya masih belajar.**
トゥリマ　カスィ　サヤ　マスィ　ブラジャル

## 関連単語・表現

○ 私は英語ができません。
**Saya tidak boleh berbahasa Inggeris.**
サヤ　ティダッ　ボレ　ブルバハサ　イングリス

○ 日本語のできる人はいますか？
**Ada orang yang boleh berbahasa Jepun?**
アダ　オラン(グ)　ヤン(グ)　ボレ　ブルバハサ　ジュプン

## すぐに使えるフレーズ

□ 私はマレーシア語を勉強しています。

### Saya belajar bahasa Melayu.
サヤ　　ブラジャル　　バハサ　　ムラユ

□ この単語の意味は何ですか？

### Apa maksud perkataan ini?
アパ　　マッスッ　　プルカタアン　　イニ

□ これはマレーシア語で何と言いますか？

### Apa ini dalam bahasa Melayu?
アパ　イニ　ダラム　　バハサ　　ムラユ

□ これはマレーシア語で pisang（バナナ）です。

### Dalam bahasa Melayu, ini pisang.
ダラム　　バハサ　　ムラユ　　イニ　ピサン(グ)

□ これを発音してください。

### Tolong sebut ini.
トロン(グ)　スブッ　イニ

□ 私の発音は正しいですか？

### Betulkah sebutan saya?
ブトゥルカ　　スブタン　　サヤ

PART 3　すぐに話せる！よく使うマレーシア語の基本・日常表現

81

# BAB 9 趣味

## ショート対話

☐ A: あなたの趣味は何ですか？

**Apa hobi awak?**
アパ　ホビ　アワッ

☐ B: 私の趣味は音楽鑑賞です。

**Hobi saya mendengar muzik.**
ホビ　サヤ　ムンドゥ(ン)ガル　ムズィッ

趣味はP95参照。

☐ A: あなたの好きな音楽は何ですか？

**Apa muzik kegemaran awak?**
アパ　ムズィッ　クグマラン　アワッ

☐ B: 私はロックが好きです。

**Saya suka rock.**
サヤ　スカ　ロッ

---

### 関連単語・表現

○ポップス
**pop**
ポッ(プ)

○ジャズ
**jazz**
ジャズ

○クラシック
**klasik**
クラシッ

○映画
**filem**
フィルム

○ラブストーリー
**kisah cinta**
キサ　チンタ

○コメディ
**komedi**
コメディ

## すぐに使えるフレーズ

☐ 私の趣味は映画鑑賞です。

**Hobi saya menengok wayang.**
ホビ　サヤ　ムネンゴッ　ワヤン(グ)

カジュアル表現で、正しくは menonton wayang [ムノントン ワヤン(グ)]。

☐ 私の趣味は旅行と料理です。

**Hobi saya melancong dan memasak.**
ホビ　サヤ　ムランチョン(グ)　ダン　ムマサッ

☐ 私はゴルフをするのが好きです。

**Saya suka bermain golf.**
サヤ　スカ　ブルマイン　ゴルフ

bermain [ブルマイン]「プレーする」+「スポーツ」は bermain golf「ゴルフをする」、
menonton [ムノントン]「観戦する」+「スポーツ」は menonton golf「ゴルフ観戦する」。

☐ 私はサッカーを観るのが好きです。

**Saya suka menonton bola sepak.**
サヤ　スカ　ムノントン　ボラ　セパッ

☐ あなたの好きな歌手はだれですか？

**Siapa penyanyi kegemaran awak?**
スィアパ　プニャニ　クグマラン　アワッ

「俳優」は pelakon [プラコン]
「選手、演奏家」は pemain [プマイン]

☐ 私はジアナ・ゼインが好きです。

**Saya suka Ziana Zain.**
サヤ　スカ　ズィアナ　ゼイン

マレーシアを代表する女性歌手。

# BAB 10 天気

### ショート対話

□ A: 今日は天気が悪いですね。

**Hari ini cuaca buruk.**
ハリ　イニ　チュアチャ　ブルッ

□ B: 雨が降りそうです。

**Kelihatan seperti hujan akan turun.**
クリハタン　スプルティ　フジャン　アカン　トゥルン

□ A: 今日の夕方は大雨ですね。

**Petang ini hujan lebat.**
プタン(グ)　イニ　フジャン　ルバッ

□ B: 洪水になったら大変です。

**Habislah kalau banjir.**
ハビスラ　カラウ　バンジル

Habislah. は P75 を参照。

### 関連単語・表現

| ○晴れ | ○曇り | ○小雨 |
|---|---|---|
| **cerah** | **mendung** | **hujan renyai** |
| チュラ | ムンドゥン(グ) | フジャン　ルニャイ |

| ○強風 | ○台風 | ○地震 |
|---|---|---|
| **angin kencang** | **taufan** | **gempa bumi** |
| ア(ン)ギン　クンチャン(グ) | タウファン | グンパ　ブミ |

## すぐに使えるフレーズ

☐ 明日の天気はどうですか？

# Bagaimana cuaca esok?
バガイマナ　　チュアチャ　エソッ

☐ 明日は天気がよいです。

# Esok cuaca baik.
エソッ　チュアチャ　バイッ

☐ 今日はかなり暑いです。

# Hari ini cukup panas.
ハリ　イニ　チュクッ(プ)　パナス

☐ 昨日は涼しかったです。

# Semalam kurang sejuk.
スマラハ　　クラン(グ)　スジュッ

*sejukには「寒い、冷たい、涼しい」の意味があり、「寒い」と「涼しい」を区別したいなら、kurang sejuk「あまり寒くない」という言い方をします。*

☐ キャメロンハイランドの気候は寒いです。

# Udara di Cameron Highland sejuk.
ウダラ　ディ　キャメロン　ハイラン　スジュッ

☐ 今は乾季です。

# Sekarang musim kemarau.
スカラン(グ)　　ムスィム　クマラウ

*マレーシアには「乾季」と musim hujan [ムスィム フジャン]「雨季」があります。*

85

# BAB 11 訪問する

## ショート対話

□ A: (あなたに) お招きいただきありがとうございます。

**Terima kasih atas jemputan awak.**
トゥリマ　カスィ　アタス　ジュンプタン　アワッ

□ B: どうぞお入りください。

**Sila masuk.**
スィラ　マスッ

□ A: あなたの家はとても大きくてきれいですね。

**Rumah awak sangat besar dan cantik.**
ルマ　アワッ　サンガッ　ブサル　ダン　チャンティッ

□ B: どうぞお座りください。ごゆっくりなさってください。

**Sila duduk. Buat macam rumah sendiri.**
スィラ　ドゥドゥッ　ブアッ　マチャム　ルマ　スンディリ

直訳は「ご自分の家のようにしてください (くつろいでください)」

### 関連単語・表現

○ここに来ることができてよかったです。
**Saya gembira dapat datang ke sini.**
サヤ　グンビラ　ダパッ　ダタン(グ)　ク　スィニ

○またいらしてください。
**Sila datang lagi.**
スィラ　ダタン(グ)　ラギ

## すぐに使えるフレーズ

□ 私の家に遊びにいらしてください。

**Sila datang ke rumah saya.**
スィラ　ダタン(グ)　ク　ルマ　サヤ

□ ありがとうございます。うかがいます。

**Terima kasih. Saya akan datang.**
トゥリマ　カスィ　サヤ　アカン　ダタン(グ)

※相手のところに行く時は、英語と同様に pergi「行く」ではなく datang「来る」を使います。

□ ありがとうございます。いつか時間がある時にうかがいます。

**Terima kasih. Kalau ada masa, saya akan datang.**
トゥリマ　カスィ　カラウ　アダ　マサ　サヤ　アカン　ダタン(グ)

※招待をやんわりと断る言い方です。

□ こちらは私の妻です。

**Ini isteri saya.**
イニ　イストゥリ　サヤ

□ コーヒーと紅茶はどちらがよろしいですか？

**Mahu minum kopi atau teh?**
マフ　ミヌム　コピ　アタウ　テ

□ 紅茶をお願いします。

**Minta teh.**
ミンタ　テ

PART 3　すぐに話せる！よく使うマレーシア語の基本・日常表現

# BAB 12 おみやげを渡す

## ショート対話

□ A: これは日本からのおみやげです。

**Ini cenderamata dari Jepun.**
イニ　チュンドゥラマタ　　ダリ　ジュプン

buah tangan [ブア タ(ン)ガン] とも言います。

□ B: わざわざ恐れ入ります。

**Susah-susah sahaja.**
スサスサ　　　サハジャ

□ B: 今，開けてもいいですか？

**Boleh buka sekarang?**
ボレ　　ブカ　　スカラン(グ)

マレーシアには相手の前でいただき物を開ける習慣はありませんでしたが、最近では相手に断ってから開ける人もいます。

□ A: いいですよ。あなたに喜んでいただけるとよいのですが。

**Boleh. Harap awak gembira.**
ボレ　　ハラッ(プ)　アワッ　　グンビラ

## 関連単語・表現

○プレゼント
**hadiah**
ハディア

○日本製
**buatan Jepun**
ブアタン　ジュプン

○託送品
**barang kiriman**
バラン(グ)　キリマン

○和菓子
**kuih Jepun**
クイ　ジュプン

口語では [クエ] とよく発音されます。

## すぐに使えるフレーズ

□ これはあなたへのおみやげです。

**Ini cenderamata untuk awak.**
イニ　チュンドゥラマタ　ウントゥッ　アワッ

□ 遠慮しないでください。

**Jangan malu-malu.**
ジャ(ン)ガン　マルマル

□ これは壁飾りです。

**Ini hiasan dinding.**
イニ　ヒアサン　ディンディン(グ)

*イスラム教徒は、偶像崇拝をいやがる人もいるので、人や動物の絵などは避けて、花、景色、模様などを選ぶのが無難です。*

□ このお菓子は日持ちしません。

**Kuih ini tidak tahan lama.**
クイ　イニ　ティダッ　タハン　ラマ

□ このチョコレートにはお酒は入っていません。

**Coklat ini tidak mengandungi alkohol.**
チョクラッ　イニ　ティダッ　ム(ン)ガンドゥン(グ)イ　アル⌐ホル

*イスラム教徒は、お酒、豚肉、ハム・ラードなど豚を材料とした食品の摂取を禁じられています。*

□ おみやげを皆さんで分けてください。

**Tolong bahagi cenderamata kepada semua.**
トロン(グ)　バハギ　チュンドゥラマタ　クパダ　スムア

# BAB 13 ごちそうになる

## ショート対話

□ A: どうぞ召し上がってください。

**Sila makan.**
スィラ　マカン

*silaの使い方はP54を参照。*

□ B: これは何という料理ですか？

**Apa nama masakan ini?**
アパ　ナマ　マサカン　イニ

□ A: これはナシゴレン（焼き飯）といいます。

**Ini namanya nasi goreng.**
イニ　ナマニャ　ナスィ　ゴレン(グ)

□ B: とてもおいしいです。

**Sangat sedap.**
サンガッ　スダッ(プ)

---

### 関連単語・表現

○食べ物
**makanan**
マカナン

○デザート
**pencuci mulut**
プンチュチ　ムルッ

○果物
**buah-buahan**
ブアブアハン

○飲み物
**minuman**
ミヌマン

○ソフトドリンク
**minuman ringan**
ミヌマン　リ(ン)ガン

○アルコール飲料
**minuman keras**
ミヌマン　クラス

## すぐに使えるフレーズ

☐ どうぞコーヒーをお飲みください。

### Sila minum kopi.
スィラ　ミヌム　コピ

☐ おかわりはいかがですか？

### Mahu tambah lagi?
マフ　タンバ　ラギ

☐ はい，ありがとうございます。

### Ya, terima kasih.
ヤ　トゥリマ　カスィ

☐ いいえ，もう十分です。

### Tidak, sudah cukup.
ティダッ　スダ　チュクッ(プ)

☐ ごちそうさまでした。

### Terima kasih atas hidangan ini.
トゥリマ　カスィ　アタス　ヒダガン　イニ

☐ あなたが気に入ってくれたなら，よかったです。

### Baguslah kalau awak suka.
バグスラ　カラウ　アワッ　スカ

> 略語のUK [ユーケー] をよく使います。
> 「イギリス人」は orang Inggeris [オラン(グ)イングリス]

## ■ 国

| 日本 | **Jepun** ジュプン | 英国 | **United Kingdom** ユナイテッ キングダム |
| インドネシア | **Indonesia** インドネシア | フランス | **Perancis** プランチス |
| 中国 | **China** チナ | ドイツ | **Jerman** ジェルマン |

Chinaは「国」、Cina [チナ] は「人、民族」に使います。

| 韓国 | **Korea Selatan** コレア スラタン | イタリア | **Itali** イタリア |
| 北朝鮮 | **Korea Utara** コレア ウタラ | スペイン | **Sepanyol** スパニョル |
| ベトナム | **Vietnam** ヴィエッナム | ポルトガル | **Portugal** ポルトゥガル |
| フィリピン | **Filipina** フィリピナ | オランダ | **Belanda** ブランダ |
| タイ | **Thailand** タイラン | ロシア | **Rusia** ルスィア |
| マレーシア | **Malaysia** マレイシア | インド | **India** インディア |
| シンガポール | **Singapura** スィ(ン)ガプラ | オーストラリア | **Australia** アウストラリア |
| アメリカ合衆国 | **Amerika Syarikat** アメリカ シャリカッ | サウジアラビア | **Arab Saudi** アラッ(ブ) サウディ |

## ■ 職業

| 会社員 | **pekerja syarikat** プクルジャ　シャリカッ |
| --- | --- |
| 事務員 | **kerani** クラニ |
| ビジネスマン 商人 | **peniaga** プニアガ |
| 公務員 | **pegawai kerajaan** プガワイ　クラジャアン |
| 銀行員 | **pegawai bank** プガワイ　バン(ク) |
| 店員 | **pekedai** プクダイ |
| 役員 | **pengarah eksekutif** プ(ン)ガル　エクセクティフ |
| 秘書 | **setiausaha** スティアウサハ |
| 自営業者 | **kerja sendiri** クルジャ　スンディリ |
| 医師 | **doktor** ドットゥル |
| 看護師 | **jururawat** ジュルラワッ |

| 先生 | **guru** グル |
| --- | --- |
| 大学講師 | **pensyarah** プンシャラ |
| 学生 | **pelajar** プラジャル |
| 大学生 | **mahasiswa** マハスィスワ |
| 農民 | **petani** プタニ |
| 客室乗務員 | 男性　　　女性<br>**pramugara / pramugari** プラムガラ　プラムガリ |
| 運転手 | **pemandu** プマンドゥ |
| 観光ガイド | **pemandu pelancong** プマンドゥ　プランチョン |
| ウエイター, ウエイトレス | **pelayan restoran** プラヤン　レストラン |
| 主婦 | **suri rumah (tangga)** スリ　ルマ　タンガ |
| お手伝いさん | **orang gaji** オラン(グ)　ガジ |

「タクシー運転手」は pemandu teksi [プマンドゥ テクスィ]、
「バスの運転手」は pemandu bas [プマンドゥ バス]。

## ■ 家族, 人

*※の付いた単語の後に lelaki [ルラキ]「男」や perempuan [プルンプアン]「女」を追加すると男女を区別できます。*

|  |  | |  |  |
|---|---|---|---|---|
| 家族 | **keluarga** クルアルガ | | 兄 | **abang** アバン(グ) |
| 祖父 | **datuk** ダトゥッ | | 姉 | **kakak** カカッ |
| 祖母 | **nenek** ネネッ | | 弟, 妹 | **adik** * アディッ |
| 父 | **ayah / bapa** アヤ　バパ | | 子供（息子, 娘） | **anak** * アナッ |
| 母 | **ibu / emak** イブ　ウマッ | | 孫 | **cucu** チュチュ |
| 両親 | **ibu bapa** イブ　バパ | | いとこ | **sepupu** スププ |
| 夫 | **suami** スアミ | | 甥, 姪 | **anak saudara** アナッ　サウダラ |
| 妻 | **isteri** イストゥリ | | 友だち | **kawan / sahabat** カワン　サハバッ |
| 伯父, 叔父 | **pak cik** パッ　チッ | | ボーイフレンド | **teman lelaki** トゥマン　ルラキ |
| 伯母, 叔母 | **mak cik** マッ　チッ | | ガールフレンド | **teman wanita** トゥマン　ワニタ |
| 兄弟, 姉妹 | **adik-beradik** アディッブルアディッ | | お客様 | **tetamu** トゥタム |

*自分の子供は anak、一般の子供は budak [ブダッ]*

*親戚でない「おじさん、おばさん」にも使います。*

94

## ■ 趣味

|  |  |  |
|---|---|---|
| ゴルフ | **golf** | ゴルフ |
| サッカー | **bola sepak** | ボラ セパッ |
| テニス | **tenis** | テニス |
| 水泳 | **renang** | ルナン(グ) |
| サーフィン | **meluncur** | ムルンチュル |
| ダイビング | **menyelam** | ムニュラム |
| スポーツ | **sukan** | スカン |
| ピアノ | **piano** | ピアノ |
| ガムラン | **gamelan** | ガムラン |
| マレー舞踊 | **tarian Melayu** | タリアン ムラユ |
| 切手収集 | **mengumpul setem** | ムングンプル ステム |
| 旅行する | **melancong** | ムランチョン(グ) |
| 散歩する | **jalan-jalan** | ジャランジャラン |
| サイクリングする | **berbasikal** | ブルバスィカル |
| ドライブする | **memandu kereta** | ムマンドゥ クレタ |
| 山登りする | **mendaki gunung** | ムンダキ グヌン(グ) |
| 釣りをする | **memancing** | ムマンチン(グ) |
| 読書する | **membaca** | ムンバチャ |
| 料理する | **memasak** | ムマサッ |
| 絵を描く | **melukis** | ムルキス |
| 魚を飼育する | **memelihara ikan** | ムムリハラ イカン |
| ガーデニング | **berkebun** | ブルクブン |

## ■ 天気，自然

| | | | | |
|---|---|---|---|---|
| 太陽 | **matahari**<br>マタハリ | | 山 | **gunung**<br>グヌン（グ） |
| 月 | **bulan**<br>ブラン | | 川 | **sungai**<br>ス（ン）ガイ |
| 星 | **bintang**<br>ビンタン（グ） | | 湖 | **tasik**<br>タスィッ |
| 空 | **langit**<br>ラ（ン）ギッ | | 海 | **laut**<br>ラウッ |
| 雲 | **awan**<br>アワン | | 海岸 | **pantai**<br>パンタイ |
| 雨 | **hujan**<br>フジャン | | 島 | **pulau**<br>プラウ |
| 風 | **angin**<br>ア（ン）ギン | | 木 | **pokok**<br>ポコッ |
| 雪 | **salji**<br>サルジ | | 花 | **bunga**<br>ブ（ン）ガ |
| 雷 | **petir**<br>プティル | | 動物 | **binatang**<br>ビナタン（グ） |
| 虹 | **pelangi**<br>プラ（ン）ギ | | 鳥 | **burung**<br>ブルン（グ） |
| 霧 | **kabus**<br>カブス | | 昆虫 | **serangga**<br>スランガ |

# PART 4

## すぐに話せる！
## マレーシア旅行
## 重要フレーズ

# BAB 14 入国〈搭乗時〉

## ショート対話

□ A:(搭乗券を見せて) すみません、私の席はどこですか？

**Maafkan saya, di mana tempat duduk saya?**
マアフカン　サヤ　ディ　マナ　トゥンパッ　ドゥドゥッ　サヤ

□ B: まっすぐ行ってください。左側にあります。

**Jalan lurus. Ada di sebelah kiri.**
ジャラン　ルルス　アダ　ディ　スブラ　キリ

「右側」は sebelah kanan [スブラ カナン]

□ A: 日本語の新聞をもらえませんか？

**Boleh minta surat khabar bahasa Jepun?**
ボレ　ミンタ　スラッ　カバル　バハサ　ジュプン

□ B: どれでもあなたのお好きなのをお選びください。

**Pilihlah yang mana awak suka.**
ピリラ　ヤン(グ)　マナ　アワッ　スカ

---

### 関連単語・表現

○窓側
**sebelah tingkap**
スブラ　ティンカッ(プ)

○通路側
**sebelah lorong**
スブラ　ロロン(グ)

○毛布
**selimut**
スリムッ

○ヘッドホン
*headphone*
ヘッフォン

○雑誌
**majalah**
マジャラ

## すぐに使えるフレーズ

□ すみません，ちょっと通してもらえますか？

**Maafkan saya, boleh tumpang lalu?**
マアフカン　サヤ　ボレ　トゥンパン(グ)　ラル

□ すみません。ここは私の席だと思いますが。

**Minta maaf. Saya rasa ini tempat duduk saya.**
ミンタ　マアフ　サヤ　ラサ　イニ　トゥンパッ　ドゥドゥッ　サヤ

□ 手荷物をここに置いてもいいですか？

**Boleh letak bagasi di sini?**
ボレ　ルタッ　バガスィ　ディ　スィニ

□ （座席後方の人に）シートを倒してもいいですか？

**Boleh saya turunkan kerusi?**
ボレ　サヤ　トゥルンカン　クルスィ

自動詞 turun [トゥルン]
「下がる、降りる」に
接尾辞 -kan が付くと
他動詞の turunkan
[トゥルンカン]
「下げる、降ろす」
になります。

□ この便は定刻に到着しますか？

**Penerbangan ini tiba tepat pada waktunya?**
プヌルバ(ン)ガン　イニ　ティバ　トゥパッ　パダ　ワットゥニャ

「出発する」は bertolak [ブルトラッ]

□ 飛行機は1時間遅れています。

**Kapal terbang lewat 1 jam.**
カパル　トゥルバン　レワッ　サトゥジャム

PART 4

すぐに話せる！マレーシア旅行重要フレーズ

99

# BAB 15 入国〈機内〉

## ショート対話

□ A: 何を<u>お飲み</u>になりますか？

**Mahu minum apa?**
マフ　ミヌム　アパ

※「召し上がる（食べる）」は makan [マカン]

□ B: 私は<u>ビール</u>をお願いします。

**Saya mahu bir.**
サヤ　マフ　ビル

□ C: <u>氷なし</u>のオレンジジュースをください。

**Minta jus oren tanpa ais.**
ミンタ　ジュス　オレン　タンパ　アイス

□ D: 私は<u>飲み物</u>はいりません。

**Saya tidak perlu minuman.**
サヤ　ティダッ　プルル　ミヌマン

※「食べ物」は makanan [マカナン]

### 関連単語・表現

| ○赤ワイン | ○コーヒー | ○紅茶，お茶 |
|---|---|---|
| **wain merah** | **kopi** | **teh** |
| ワイン メラ | コピ | テ |

「白ワイン」は wain putih [ワイン プティ]

| ○飲料水 | ○牛乳 | ○氷入り |
|---|---|---|
| **air kosong** | **susu** | **dengan ais** |
| アイル コソン(グ) | スス | ドゥ(ン)ガン アイス |

水道水が飲めないマレーシアでは「飲料水」を頼みましょう。

## すぐに使えるフレーズ

☐ あなたは肉と魚, どちらがよろしいですか？

# Awak mahu daging atau ikan?
アワッ　マフ　ダギン(グ)　アタウ　イカン

☐ 肉をお願いします。

# Minta daging.
ミンタ　ダギン(グ)

☐ それは何の肉ですか？

# Itu daging apa?
イトゥ　ダギン(グ)　アパ

☐ 鶏肉です。

# Daging ayam.
ダギン(グ)　アヤム

「牛」は lembu [ルンブ]
「やぎ」は kambing [カンビン(グ)]
「豚」は babi [バビ]

☐ ベジタリアンのメニューはありますか？

# Ada menu vegetarian?
アダ　メニュ　ヴェジタリアン

返答はP49参照。

☐ 私は卵アレルギーです。

# Saya alergi telur.
サヤ　アレルギ　トゥルル

alah pada [アラ パダ]
「〜にアレルギーの」とも言います。

# BAB 16 入国〈入国審査〉

### ショート対話

□ A: あなたのパスポートを見せてください。

**Tunjukkan pasport awak.**
トゥンジュッカン　パスポルッ　アワッ

□ B: これが私のパスポートです。

**Ini pasport saya.**
イニ　パスポルッ　サヤ

□ A: マレーシアは初めてですか？

**Kali pertama ke Malaysia?**
カリ　プルタマ　ク　マレイシア

□ B: 初めてです。／2回目です。

**Kali pertama. / Kali kedua.**
カリ　プルタマ　　カリ　クドゥア

序数はP30参照。

---

**関連単語・表現**

○航空券
**tiket kapal terbang**
ティケッ　カパル　トゥルバン

kapal terbangは「飛行機」、kapalは「船」

○出入国カード
**borang pengakuan kastam**
ボラン(グ)　プン(グ)アクアン　カスタム

○搭乗券
**pas masuk**
パス　マスッ

○手荷物引換証
**tag tuntutan bagasi**
タッ(グ)　トゥントゥタン　バガスィ

## すぐに使えるフレーズ

□ あなたのマレーシア来訪の目的は？

## Apa tujuan awak datang ke Malaysia?
アパ　トゥジュアン　アワッ　ダタン(グ)　ク　マレイシア

□ 目的は観光です。

## Tujuan saya melancong.
トゥジュアン　サヤ　ムランチョン(グ)

「留学」は belajar [ブラジャル]
「商用」は berniaga [ブルニアガ]

□ どのくらいあなたはマレーシアに滞在しますか？

## Berapa lama awak akan berada di Malaysia?
ブラパ　ラマ　アワッ　アカン　ブルアダ　ディ　マレイシア

□ 5日間です。

## Selama 5 hari.
スラマ　リマ　ハリ

□ どこに宿泊しますか？

## Akan menginap di mana?
アカン　ム(ン)ギナッ(プ)　ディ　マナ

□ ホテルスリヌガラに泊まります。

## Saya akan menginap di Hotel Seri Negara.
サヤ　アカン　ム(ン)ギナッ(プ)　ディ　ホテル　スリ　ヌガラ

PART 4

すぐに話せる！マレーシア旅行重要フレーズ

103

# BAB 17 入国 〈手荷物の受け取り〉

## ショート対話

□ A: 私の**手荷物**が見つかりません。

**Saya tidak menemui bagasi saya.**
サヤ　ティダッ　ムヌムイ　バガスィ　サヤ

□ B: (あなたのは) どんな**手荷物**ですか？

**Bagasi awak seperti apa?**
バガスィ　アワッ　スプルティ　アパ

□ A: 青の**トランク**です。

**Bagasi besar berwarna biru.**
バガスィ　ブサル　ブルワルナ　ビル

色はP36参照。

□ B: この書式に記入してください。

**Sila isi borang ini.**
スィラ　イスィ　ボラン(グ)　イニ

---

### 関連単語・表現

○かばん
**beg**
ベッ(グ)

○箱, ダンボール
**kotak**
コタッ

○ゴルフバッグ
**beg golf**
ベッ(グ) ゴルフ

○サーフボード
**papan luncur**
パパン　ルンチュル

104

## すぐに使えるフレーズ

□ **手荷物受取所**はどこですか？

# Di mana tempat pengambilan bagasi?
ディ　マナ　トゥンパッ　プ(ン)ガンビラン　バガスィ

□ **荷物**が破損しています。

# Barang saya rosak.
バラン(グ)　サヤ　ロサッ

□ どこに報告したらよいですか？

# Boleh lapor di mana?
ボレ　ラポル　ディ　マナ

□ 私の**手荷物**が１つありません。

# Satu bagasi saya tidak ada.
サトゥ　バガスィ　サヤ　ティダッ　アダ

□ これが私の**手荷物引換証**です。

# Ini tag tuntutan bagasi saya.
イニ　タッ(グ)　トゥントゥタン　バガスィ　サヤ

□ 見つかり次第，**ホテル**に届けてください。

# Kalau sudah ditemui, tolong hantar segera ke hotel.
カラウ　スダ　ディトゥムイ　トロン(グ)　ハンタル　スグラ　ク　ホテル

PART 4 すぐに話せる！マレーシア旅行重要フレーズ

105

## BAB 18 入国〈税関〉

### ショート対話

□ A: 申告するものはありますか？

**Ada barang yang perlu dilaporkan?**
アダ　バラン(グ)　ヤン(グ)　プルル　ディラポルカン

□ B: ありません。／あります。

**Tidak ada. / Ada.**
ティダッ　アダ　　　アダ

口語では Tiada.[ティアダ]がよく使われます。

□ A: 中身は何ですか？

**Apa isi bagasi ini?**
アパ　イスィ　バガスィ　イニ

□ B: それは私の身の回り品です。

**Itu barang keperluan peribadi saya.**
イトゥ　バラン(グ)　クプルルアン　プリバディ　サヤ

---

### 関連単語・表現

○ これは友人へのおみやげです。
　**Ini cenderamata untuk kawan.**
　イニ　チュンドゥラマタ　ウントゥッ　カワン

○ これは業務用の書類です。
　**Ini dokumen-dokumen kerja.**
　イニ　ドクメンドクメン　クルジャ

## すぐに使えるフレーズ

☐ あなたの手荷物を開けてください。

### Tolong buka bagasi cik.
トロン(グ)　ブカ　バガスィ　チッ

人称代名詞はP15参照。

☐ お1人ですか，グループですか？

### Seorang diri atau ikut rombongan?
スオラン(グ)　ディリ　アタウ　イクッ　ロンボ(ン)ガン

☐ ほかに手荷物はありますか？

### Ada bagasi lain?
アダ　バガスィ　ライン

☐ いいえ，これだけです。

### Tidak, ini sahaja.
ティダッ　イー　サハジャ

☐ 私は酒を2本持っています。

### Saya membawa minuman keras 2 botol.
サヤ　ムンバワ　ミヌマン　クラス　ドゥア　ボトル

「香水」はminyak wangi [ミニャッ ワ(ン)ギ]

☐ 私はタバコを3カートン持っています。

### Saya membawa rokok 3 karton.
サヤ　ムンバワ　ロコッ　ティガ　カルトン

PART 4
すぐに話せる！マレーシア旅行重要フレーズ

107

# BAB 19 入国〈両替〉

### ショート対話

□ A: 円をリンギットに両替してください。

**Tolong tukar yen kepada ringgit.**
トロン(グ)　トゥカル　イェン　クパダ　リンギッ

*空港の両替所で当面必要な分を両替するとよいでしょう。*

□ A: 円のレートはいくらですか？

**Berapa kadar penukaran wang yen?**
ブラパ　カダル　プヌカラン　ワン(グ)　イェン

□ B: 100円は3.2リンギットです。

**Seratus yen 3.2 ringgit.**
スラトゥス　イェン　ティガ　プルプルハン　ドゥア　リンギッ

□ A: 10リンギット札を混ぜてください。

**Tolong campur dengan wang kertas RM10.**
トロン(グ)　チャンプル　ドゥ(ン)ガン　ワン(グ)　クルタス　スプル　リンギッ

*通貨は、書く時は数字の前ですが、読む時は数字の後に言います。RMはRinggit Malaysia [リンギッ マレイシア] の略。*

### 関連単語・表現

○米ドル
**dolar Amerika**
ドラル　アメリカ

○現金
**wang tunai**
ワン(グ)　トゥナイ

○紙幣
**wang kertas**
ワン(グ)　クルタス

○硬貨
**wang syiling**
ワン(グ)　シリン(グ)

## すぐに使えるフレーズ

□ どこで両替ができますか？

### Di mana boleh tukar wang?
ディ　マナ　ボレ　トゥカル　ワン(グ)

□ (100リンギット札を渡して) 10リンギット札10枚にしてもらえますか？

### Boleh tukar kepada 10 helai wang kertas RM10?
ボレ　トゥカル　クパダ　スプル　フライ　ワン(グ)　クルタス　スプルリンギッ

□ (札を渡して) 小銭にしてもらえますか？

### Boleh tukar kepada duit kecil?
ボレ　トゥカル　クパダ　ドゥイッ　クチル

□ お金が足りません。

### Duit tidak cukup.
ドゥイッ　ティダッ　チュクッ(プ)

duitはwang「お金」の口語。

□ 計算が間違っていませんか？

### Bukan salah kirakah?
ブカン　サラ　キラカ

□ もう一度，計算してください。

### Tolong kira sekali lagi.
トロン(グ)　キラ　スカリ　ラギ

PART 4

すぐに話せる！マレーシア旅行重要フレーズ

109

# BAB 20 乗り物 〈タクシーに乗る〉

## ショート対話

□ A: 空港へ行ってください。

**Tolong hantar saya ke lapangan terbang.**
トロン(グ)　ハンタル　サヤ　ク　ラパ(ン)ガン　トゥルバン(グ)

*直訳は「私を空港まで（タクシーで）送ってください」*

□ A: 空港までどれくらい時間がかかりますか？

**Berapa lama masa untuk sampai ke lapangan terbang?**
ブラパ　ラマ　マサ　ウントゥッ　サンパイ　ク　ラパ(ン)ガン(グ)　トゥルバン(グ)

□ B: 約1時間です。今，渋滞しています。

**Kira-kira 1 jam. Sekarang jalan sesak.**
キラキラ　サトゥジャム　スカラン(グ)　ジャラン　スサッ

*数字はP28、期間はP35を参照。*

□ A: 急いでいます。高速道路を通ってください。

**Saya kena cepat. Tolong guna lebuh raya.**
サヤ　クナ　チュパッ　トロン(グ)　グナ　ルブ　ラヤ

---

### 関連単語・表現

○ パサールスニ駅
**Stesen Pasar Seni**
ステセン　パサル　スニ

○ ドゥタバスターミナル
**Terminal Bas Duta**
トゥルミナル　バス　ドゥタ

○ このレストラン
**restoran ini**
レストラン　イニ

○ 30分
**tiga puluh minit**
ティガ　プル　ミニッ

## すぐに使えるフレーズ

□ タクシー乗り場はどこですか？

**Di mana tempat naik teksi?**
ディ　マナ　トゥンパッ　ナイッ　テクスィ

□ タクシークーポンはどこで買えますか？

**Di mana boleh beli kupon teksi?**
ディ　マナ　ボレ　ブリ　クポン　テクスィ

□ （メモなどを見せながら）ここへ行ってください。

**Tolong bawa saya ke sini.**
トロン(グ)　バワ　サヤ　ク　スィニ

直訳は「私をここへ連れて行ってください」

□ あなたはこの場所はわかりますか？

**Encik tahu tempat ini?**
ウンチッ　タフ　トゥンパッ　イニ

Encikは男性運転手で、女性運転手はCik [チッ] を使います。

□ トランクを開けてください。

**Tolong buka bonet kereta.**
トロン(グ)　ブカ　ボネッ　クレタ

マレーシアでは「トランク」のことをbonet [ボネッ]「ボンネット」とよく言います。

□ メーターを使ってくださいね。

**Kira guna meter, ya.**
キラ　グナ　ミトゥル　ヤ

メーターを使わないと、料金トラブルになることがあります。

PART 4 すぐに話せる！マレーシア旅行重要フレーズ

111

# BAB 21 乗り物 〈タクシーの中で〉

## よく使う表現

□ まっすぐ行ってください。

**Jalan lurus.**
ジャラン　ルルス

「左」は kiri [キリ]

□ 次の交差点を右へ曲がってください。

**Tolong belok kanan di simpang empat berikutnya.**
トロン(グ)　ベロッ　カナン　ディ　シンパン(グ)　ウンパッ　ブリクッニャ

指示代名詞は P15 参照

□ ここで停めてください。

**Tolong berhenti di sini.**
トロン(グ)　ブルフンティ　ディ　スィニ

□ ここでちょっと待っていてください。

**Tolong tunggu sebentar di sini.**
トロン(グ)　トゥング　スブンタル　ディ　スィニ

## 関連単語・表現

○駐車場
**tempat letak kereta**
トゥンパッ　ルタッ　クレタ

○インビ通り
**Jalan Imbi**
ジャラン　インビ

○その店の前
**depan kedai itu**
ドゥパン　クダイ　イトゥ

○その建物のあたり
**sekitar bangunan itu**
スキタル　バ(ン)グナン　イトゥ

口語でよく使われますが、正しくは pendingin hawa [プンディ(ン)ギン ハワ]。
penyaman udara [プニャマン ウダラ] も同じ意味。

## すぐに使えるフレーズ

□ エアコンを強くしてください。

**Tolong besarkan penghawa dingin.**
トロン(グ)　ブサルカン　プ(ン)グハワ　ディ(ン)ギン

kuatkan [クアッカン] も同じ意味。「弱くする」は kecilkan [クチルカン] もしくは perlahankan [プルラハンカン]。

□ ゆっくり運転してください。怖いです。

**Tolong pandu perlahan-lahan. Saya takut.**
トロン(グ)　パンドゥ　プルラハンラハン　サヤ　タクッ

スピードを出し過ぎる運転手もいます。

□ 運賃はいくらですか？

**Berapa tambang?**
ブラパ　タンバン(グ)

「運賃」は tambang
「値段」は harga [ハルガ]

□ 運賃がメーターと違います。

**Tambang berbeza dengan meter.**
タンバン(グ)　ブルベザ　ドゥ(ン)ガン　ミトゥル

□ おつりはどこですか？（おつりをください。）

**Mana wang baki saya?**
マノ　ワン(グ)　バキ　サヤ

高額紙幣で支払うとおつりがないことも多いため、小額紙幣を用意しましょう。

□ 荷物を降ろしてもらえますか？

**Boleh tolong turunkan barang saya?**
ボレ　トロン(グ)　トゥルンカン　バラン(グ)　サヤ

PART 4

すぐに話せる！マレーシア旅行重要フレーズ

113

## BAB 22 乗り物〈チケットを買う〉

□ A: **イポ**行き**列車**のチケットをください。

**Minta tiket kereta api ke Ipoh.**
ミンタ　ティケッ　クレタ　アピ　ク　イポ

kereta「車」+ api「火」で「列車」

□ B: いつの分ですか？

**Untuk bila?**
ウントゥッ　ビラ

□ A: 明朝の**列車**でお願いします。

**Kereta api untuk esok pagi.**
クレタ　アピ　ウントゥッ　エソッ　パギ

□ A: **プレミアクラス（1等）**はありますか？

**Ada tiket kelas *Premier* / kelas satu?**
アダ　ティケッ　クラス　プレミア　クラス　サトゥ

返答は P49 を参照。

### 関連単語・表現

○飛行機　　kapal「船」+ tarbang「飛ぶ」で「飛行機」
**kapal terbang**
カパル　トゥルバン(グ)

○バス
**bas**
バス

○船
**kapal**
カパル

○ビジネスクラス（2等）
**kelas Superior (kelas dua)**
クラス　スペリア　クラス　ドゥア

○エコノミークラス（3等）
**kelas Ekonomi (kelas tiga)**
クラス　エコノミ　クラス　ティガ

## すぐに使えるフレーズ

□ **列車**のチケット売り場はどこですか？

### Di mana kaunter jual tiket kereta api?
ディ　マナ　カウントゥル　ジュアル　ティケッ　クレタ　アピ

□ **6月5日**にチケットの予約をしたいのですが。

### Saya mahu tempah tiket untuk tarikh 5 Jun.
サヤ　マフ　トゥンパ　ティケッ　ウントゥッ　タリッ　リマ　ジュン

tarikh 5 Jun「6月5日」は 5 hari bulan Jun [リマ ハリ ブラン ジュン] とも言います。
年月日は P59 参照。

□ 大人**2**人，子供**1**人のチケットをください。

### Minta 2 tiket dewasa dan 1 tiket kanak-kanak.
ミンタ　ドゥアティケッ　デワサ　ダン　サトゥティケッ　カナッカナッ

□ **片道**ですか，**往復**ですか？

### Satu hala atau pergi balik?
サトゥ　ハラ　アタウ　プルギ　バリッ

Sehala [スハラ] とも言います。

□ **朝7時**発の**バス**に変更できますか？

### Boleh ganti dengan bas pukul 7 pagi?
ボレ　ガンティ　ドゥ(ン)ガン　バス　プクル　トゥジュ　パギ

時刻は P32 参照。

□ 満席です。／空席があります。

### Sudah penuh. / Ada tempat duduk kosong.
スダ　プヌ　アダ　トゥンパッ　ドゥドゥッ　コソン(グ)

**PART 4** すぐに話せる！マレーシア旅行重要フレーズ

115

## BAB 23 乗り物〈列車に乗る〉

### ショート対話

□ A: アロースター行きの列車は何時ですか？

**Kereta api ke Alor Setar pukul berapa?**
クレタ　アピ　ク　アロル　スター　プクル　ブラパ

□ B: 夕方4時です。

**Pukul 4 petang.**
プクル　ウンパッ　プタン(グ)

時刻はP32参照。

□ A: 何番ホームから出ますか？

**Bertolak dari platform nombor berapa?**
ブルトラッ　ダリ　プラッフォルム　ノンボル　ブラパ

□ B: 5番ホームからです。

**Dari platform nombor 5.**
ダリ　プラッフォルム　ノンボル　リマ

---

### 関連単語・表現

○この列車はどこ行きですか？
**Kereta api ini pergi ke mana?**
クレタ　アピ　イニ　プルギ　ク　マナ

○この列車はマラッカに停まりますか？
**Kereta api ini berhenti di Melaka?**
クレタ　アピ　イニ　ブルフンティ　ディ　ムラカ

## すぐに使えるフレーズ

☐ 列車の時刻表がほしいのですが。

### Saya mahu jadual waktu kereta api.
サヤ　マフ　ジャドゥアル　ワットゥ　クレタ　アピ

☐ 列車は定刻に出ますか？

### Kereta api bertolak tepat waktu?
クレタ　アピ　ブルトラッ　トゥパッ　ワットゥ

☐ 列車は何時にクアラルンプールに着きますか？

### Pukul berapa kereta api tiba di Kuala Lumpur?
プクル　ブラパ　クレタ　アピ　ティバ　ディ　クアラ　ルンプル

☐ 次の停車駅はどこですか？

### Stesen berikutnya apa?
ステセン　ブリクッニャ　アパ

☐ この席は空いていますか？

### Tempat duduk ini kosong?
トゥンパッ　ドゥドゥッ　イニ　コソン(グ)

☐ カーテンを開けてもいいですか？

### Boleh buka langsir?
ボレ　ブカ　ラ(ン)グシル
「閉める」はtutup [トゥトゥッ(プ)]

PART 4

すぐに話せる！マレーシア旅行重要フレーズ

117

# BAB 24 乗り物〈バスに乗る〉

## ショート対話

□ A: このバスはブキッビンタンに停まりますか？

**Bas ini berhenti di Bukit Bintang?**
バス　イニ　ブルフンティ　ディ　ブキッ　ビンタン(グ)

□ B: はい，停まります。

**Ya, berhenti.**
ヤ　ブルフンティ

□ A: ブキッビンタンはいくつ目のバス停ですか？

**Bukit Bintang perhentian bas yang keberapa?**
ブキッ　ビンタン(グ)　プルフンティアン　バス　ヤン(グ)　クブラパ

□ B: 10番目のバス停です。

**Perhentian bas yang kesepuluh.**
プルフンティアン　バス　ヤン(グ)　クスプル

序数はP30参照。

### 関連単語・表現

○ バスを乗り換えなければなりませんか？
**Saya harus tukar bas?**
サヤ　ハルス　トゥカル　バス

○ どこでバスを乗り換えるのですか？
**Saya harus tukar bas di mana?**
サヤ　ハルス　トゥカル　バス　ディ　マナ

## すぐに使えるフレーズ

☐ この**バス**は**クアンタン**へ行きますか？

# Bas ini ke Kuantan?
バス　イニ　ク　　クアンタン

☐ 次の**バス**は何時ですか？

# Pukul berapa bas berikutnya?
プクル　　　ブラパ　　バス　　　ブリクッニャ

☐ **クラン**で降りたいのですが，いくらですか？

# Saya mahu turun di Klang. Berapa ringgit?
サヤ　　マフ　　トゥルン　ディ　クラン(グ)　ブラパ　　　リンギッ

ワンマンバスは前払い、車掌付バスは車内で行先を告げて車掌に払います。
お釣りがない場合も多いので、事前に小銭を用意しましょう。

☐ 何時に**到着**しますか？

# Pukul berapa sampai?
プクル　　　ブラパ　　サンパイ

「出発する」は bertolak [ブルトラッ]

☐ 着いたら教えてください。

# Tolong beritahu kalau sudah sampai.
トロン(グ)　　ブリタフ　　　カラウ　　スダ　　サンパイ

☐ 降ります。

# Saya mahu turun.
サヤ　　マフ　　トゥルン

**PART 4**

すぐに話せる！マレーシア旅行重要フレーズ

119

# BAB 25 乗り物〈トラブル〉

### ショート対話

□ A: バスに乗り遅れました。

**Saya tertinggal bas.**
サヤ　　トゥルティンガル　　バス

□ B: チケットの払い戻しはできません。

**Tiket ini tidak boleh ditunaikan.**
ティケッ　イニ　ティダッ　ボレ　ディトゥナイカン

dibayar balik [ディバヤル バリッ] とも言います。

□ A:（変更ではなく）新規の予約をお願いします。

**Saya mahu tempah yang baru.**
サヤ　マフ　トゥンパ　ヤン(グ)　バル

□ B: 次のバスは夕方5時発です。

**Bas berikutnya akan bertolak pada pukul 5 petang.**
バス　ブリクッニャ　アカン　ブルトラッ　パダ　プクル　リマ　プタン(グ)

時刻はP32参照。

### 関連単語・表現

○予約を変更したいのですが。
**Saya mahu tukar tempahan saya.**
サヤ　マフ　トゥカル　トゥンパハン　サヤ

○このチケットをキャンセルできますか？
**Tiket ini boleh dibatalkan?**
ティケッ　イニ　ボレ　ディバタルカン

## すぐに使えるフレーズ

□ **チケット**をなくしました。

### Tiket saya hilang.
ティケッ　　サヤ　　　ヒラン(グ)

□ (降車する) **バス停**を乗り越してしまいました。

### Saya terlepas perhentian bas.
サヤ　　　トゥルルパス　　プルフンティアン　　バス

「駅を乗り過ごす」は terlepas stesen kereta api
[トゥルルパス ステセン クレタ アピ]

□ 間違った**バス**に乗りました。

### Saya salah naik bas.
サヤ　　　サラ　　　ナイッ　　バス

□ 停めてください。

### Tolong berhenti.
トロン(グ)　　　ブルフンティ

□ **小銭**がありません。おつりはありますか？

### Saya tidak ada duit kecil. Ada duit baki?
サヤ　　ティダッ　アダ　　ドゥイッ　クチル　　　アダ　ドゥイッ　バキ

duit「お金」は wang [ワン(グ)] とも言います。

□ **バス**に忘れ物をしました。

### Barang saya tertinggal di dalam bas.
バラン(グ)　　サヤ　　　トゥルティンガル　　ディ　ダラム　　バス

# BAB 26 ホテル〈チェックイン〉

### ショート対話

□ A: チェックインをお願いします。

**Saya mahu daftar masuk.**
　サヤ　　マフ　　ダフタル　　マスッ

check-in [チェッイン] とも言います。

□ B: ご予約されていますか？

**Sudah buat tempahan?**
　スダ　　ブアッ　　トゥンパハン

□ A: まだです。ツインルームをお願いしたいのですが。

**Belum. Saya mahu tempah bilik kembar.**
　ブルム　　サヤ　　マフ　　トゥンパ　　ビリッ　　クンバル

bilik twin [ビリッ トゥイン] とも言います。

□ A: 1泊いくらですか？

**Harga bilik satu malam berapa?**
　ハルガ　　ビリッ　　サトゥ　　マラム　　ブラパ

「部屋代」の意味です。

---

### 関連単語・表現

○シングルルーム
**bilik single**
ビリッ　スィングル

○ダブルルーム
**bilik double**
ビリッ　ダブル

○スタンダードルーム
**bilik standard**
ビリッ　スタンダッ

○デラックスルーム
**bilik deluxe**
ビリッ　デラックス

## すぐに使えるフレーズ

☐ 日本から予約しました。

**Saya sudah buat tempahan dari Jepun.**
サヤ　　スダ　　ブアッ　　トゥンパハン　　ダリ　　ジュプン

☐ 田中大輝の名前で予約しました。

**Saya tempah atas nama Daiki Tanaka.**
サヤ　　トゥンパ　　アタス　　ナマ　　ダイキ　　タナカ

☐ これが私の予約確認書です。

**Ini bukti tempahan saya.**
イニ　　ブクティ　　トゥンパハン　　サヤ

surat pengesahan tempahan [スラッ プングサハン トゥンパハン]とも言います。

☐ 3泊する予定です。

**Saya mahu menginap 3 malam.**
サヤ　　マフ　　ム(ン)ギナッ(プ)　　ティガ　　マラム

☐ もっと大きい部屋はありませんか？

**Ada bilik yang lebih besar?**
アダ　　ビリッ　　ヤン(グ)　　ルビ　　ブサル

「静かな」は senyap [スニャッ(プ)]

☐ 税・サービス料込ですか？

**Sudah termasuk cukai dan bayaran servis?**
スダ　　トゥルマスッ　　チュカイ　　ダン　　バヤラン　　スルヴィス

「朝食」は sarapan [サラパン]
または makan pagi [マカン パギ]

PART 4

すぐに話せる！マレーシア旅行重要フレーズ

123

# BAB 27 ホテル〈設備, サービス〉

## ショート対話

□ A: 朝食は何時からですか？

**Sarapan dari pukul berapa?**
　サラパン　　ダリ　　プクル　　ブラパ

makan pagi [マカン パギ] とも言えます。

□ B: 6時からです。

**Dari pukul 6.**
　ダリ　　プクル　ウナム

□ A: レストランは何階ですか？

**Restoran di tingkat berapa?**
　レストラン　　ディ　ティンカッ　ブラパ

□ B: 1階です。

**Di tingkat 1.**
　ディ　ティンカッ　サトゥ

## 関連単語・表現

○昼食
**makan tengah hari**
マカン　トゥ(ン)ガ　ハリ

○夕食
**makan malam**
マカン　マラム

○〜まで
**sampai**
サンパイ

○プール
**kolam renang**
コラム　ルナン(グ)

○フィットネスセンター
**gim**
ジム

## すぐに使えるフレーズ

☐ **インターネット**は無料で使えますか？

### Boleh guna internet dengan percuma?
ボレ　　　グナ　　　インタルネッ　　　ドゥ(ン)ガン　　　プルチュマ

☐ このホテルには**スパ**がありますか？

### Ada spa di hotel ini?
アダ　　スパ　　ディ　　ホテル　　イニ

☐ **貴重品**を預かってもらえますか？

### Boleh tolong simpan barang berharga?
ボレ　　　トロン(グ)　　　スィンパン　　　バラン(グ)　　　ブルハルガ

☐ **セーフティーボックス**を使うことができますか？

### Boleh guna peti keselamatan?
ボレ　　　グナ　　　プティ　　　クスラマタン

☐ この**電話**はどのようにして使うのですか？

### Bagaimana cara guna telefon ini?
バガイマナ　　　チャラ　　　グナ　　　テレフォン　　　イニ

☐ **空港**へのシャトルバスはありますか？

### Ada bas ulang-alik ke lapangan terbang?
アダ　　バス　　ウラン(グ)アリッ　　ク　　ラパ(ン)ガン　　トゥルバン(グ)

英語の shuttle bus [シャトル バス] もよく使われます。

PART 4

すぐに話せる！マレーシア旅行重要フレーズ

125

# BAB 28 ホテル〈ルームサービス〉

## よく使う表現

□ もしもし，こちらは321号室です。

**Hello, saya dari bilik 321.**
ヘロ　サヤ　ダリ　ビリッ　ティガ　ドゥア　サトゥ

□ タオルを持って来てください。

**Tolong bawa tuala.**
トロン(グ)　バワ　トゥアラ

「バスタオル」は tuala mandi [トゥアラ マンディ]

□ できるだけ早くお願いします。

**Kalau boleh, secepat mungkin.**
カラウ　ボレ　スチュパッ　ムンキン

□ どれくらい時間がかかりますか？

**Makan masa berapa lama?**
マカン　マサ　ブラパ　ラマ

## 関連単語・表現

○シャンプー
**syampu**
シャンプ

○石けん
**sabun**
サブン

○くし
**sikat**
スィカッ

○歯ブラシ
**berus gigi**
ブルス　ギギ

○歯みがき粉
**ubat gigi**
ウバッ　ギギ

○カミソリ
**pencukur**
プンチュクル

## すぐに使えるフレーズ

□ この荷物を私の部屋に運んでください。

**Tolong bawa barang ini ke bilik saya.**
トロン(グ)　バワ　バラン(グ)　イニ　ク　ビリッ　サヤ

□ 朝5時に起こしてください。

**Tolong bangunkan saya pukul 5 pagi.**
トロン(グ)　バ(ン)グンカン　サヤ　プクル　リマ　パギ

kejutkan [クジュッカン] もよく使われます。

□ クリーニングをお願いします。

**Tolong cuci baju.**
トロン(グ)　チュチ　バジュ

□ いつ出来上がりますか？

**Bila siap?**
ビラ　スィアッ(プ)

□ 部屋を掃除してください。

**Tolong bersihkan bilik.**
トロン(グ)　ブルスィカン　ビリッ

□ 私に伝言がありますか？

**Ada pesanan untuk saya?**
アダ　プサナン　ウントゥッ　サヤ

「手紙」は surat [スラッ]
「託送品」barang kiriman
[バラン(グ) キリマン]

PART 4　すぐに話せる！マレーシア旅行重要フレーズ

127

## BAB 29 ホテル〈トラブル〉

### よく使う表現

□ エアコンが壊れています。

**Penyaman udara rosak.**
プニャマン　ウダラ　ロサッ

□ テレビがつきません。

**Televisyen tidak berfungsi.**
テレヴィシェン　ティダッ　ブルフンスィ

□ すぐに修理してください。

**Tolong baiki segera.**
トロン(グ)　バイキ　スグラ

□ 部屋を変えてください。

**Saya mahu pindah bilik.**
サヤ　マフ　ピンダ　ビリッ

---

### 関連単語・表現

○照明
**lampu**
ランプ

○ドライヤー
**pengering rambut**
プ(ン)グリン(グ)　ランブッ

○テレビのリモコン
**remote televisyen**
リモッ　テレヴィシェン

○金庫
**peti keselamatan**
プティ　クスラマタン

alat kawalan jauh TV
［アラッ　カワラン　ジャウ　ティーヴィー］とも言います。

## すぐに使えるフレーズ

□ 隣の部屋がうるさいのですが。

### Bilik sebelah bising.
ビリッ　　スブラ　　ビスィン(グ)

「上」は atas [アタス]

□ お湯が出ないのですが。

### Air panas tidak keluar.
アイル　パナス　　ティダッ　　クルアル

□ トイレの水が流れません。

### Air di tandas tidak mengalir.
アイル ディ　タンダス　　ティダッ　　ム(ン)ガリル

□ 私の部屋はまだ掃除されていません。

### Bilik saya belum dibersihkan.
ビリッ　　サヤ　　ブルム　　ディブルスィカン

□ 部屋にかぎを置き忘れました。

### Kunci saya tertinggal di bilik.
クンチ　　サヤ　　トゥルティンガル　ディ　ビリッ

□ （私の）部屋のかぎをなくしました。

### Kunci bilik saya hilang.
クンチ　ビリッ　サヤ　ヒラン(グ)

PART 4

すぐに話せる！マレーシア旅行重要フレーズ

129

# BAB 30 ホテル〈チェックアウト〉

## よく使う表現

□ **チェックアウト**をお願いします。

### Saya mahu daftar keluar.
サヤ　マフ　ダフタル　クルアル

(check-out [チェッ アウッ] とも言います。)

□ **私の荷物を部屋に取りに来てください。**

### Tolong ambil barang saya di bilik.
トロン(グ)　アンビル　バラン(グ)　サヤ　ディ　ビリッ

□ **会計**をお願いします。

### Saya mahu buat bayaran.
サヤ　マフ　ブアッ　バヤラン

□ **クレジットカード**で支払えますか？

### Boleh bayar guna kad kredit?
ボレ　バヤル　グナ　カッ　クレディッ

---

## 関連単語・表現

○リンギット
**ringgit**
リンギッ

マレーシアの通貨で、Ringgit Malaysia(RM) [リンギッ マレイシア]「マレーシアリンギット」とも言います。
1 ringgit = 100 sen [セン]「セン」

○米ドル
**dolar Amerika**
ドラル　アメリカ

○日本円
**yen**
イェン

○別々に支払う
**bayar asing-asing**
バヤル　アスィン(グ)　アスィン(グ)

## すぐに使えるフレーズ

□ **チェックアウト**は何時ですか？

# Waktu check-out pukul berapa?
ワットゥ　　チェッアウッ　　　プクル　　　ブラパ

└ masa [マサ]「時間」も同じ意味です。

□ もう1泊宿泊したいのですが。

# Saya ingin menginap 1 malam lagi.
サヤ　イ(ン)ギン　ム(ン)ギナッ(プ)　サトゥ　マラム　　ラギ

□ ミニバーの**コカコーラ**を1本飲みました。

# Saya minum satu tin coca-cola dari bar mini.
サヤ　　ミヌム　　サトゥ　ティン　　コカコラ　　ダリ　バル　ミニ

tin [ティン]「缶」

□ ミニバーからは何も取りませんでした。

# Saya tidak ambil apa-apa dari bar mini.
サヤ　　ティダッ　アンビル　　アパアパ　　ダリ　バル　ミニ

□ **セーフティーボックス**に預けた荷物を受け取りたいのですが。

# Saya mahu ambil barang simpanan dalam *safety box*.
サヤ　　マフ　アンビル　バラン(グ)　スィンパナン　ダラム　セフティボックス

peti keselamatan
[プティ クスラマタン] とも言います。

□ ここでは荷物を5時まで預かってもらえますか？

# Boleh letak barang di sini sampai pukul 5?
ボレ　　ルタッ　バラン(グ)　ディ スィニ　サンパイ　　プクル　リマ

# BAB 31 レストラン〈入店する〉

### ショート対話

□ A: 何名様ですか？

**Berapa orang?**
ブラパ　　オラン(グ)

□ B: 2名です。席はありますか？

**Dua orang. Ada tempat kosong?**
ドゥア　オラン(グ)　アダ　トゥンパッ　コソン(グ)

□ A: たばこを吸いますか，吸いませんか？

**Merokok atau tidak merokok?**
ムロコッ　　アタウ　ティダッ　ムロコッ

□ B: たばこは吸いません。

**Tidak merokok.**
ティダッ　ムロコッ

「喫煙する」は Merokok [ムロコッ]

### 関連単語・表現

○ すみません，ただ今，満席です。
**Maaf, sekarang penuh.**
マアフ　スカラン(グ)　プヌ

○ 少々お待ちください。
**Tolong tunggu sekejap.**
トロン(グ)　トゥング　スクジャッ(プ)

## すぐに使えるフレーズ

□ どのくらい待ちますか？

# Berapa lama perlu tunggu?
　　ブラパ　　　ラマ　　　プルル　　　トゥング

□ 喫煙席では，いかがですか？

# Kalau tempat merokok, bagaimana?
　カラウ　　　トゥンパッ　　ムロコッ　　　　バガイマナ

「禁煙席」は tempat tidak merokok [トゥンパッ ティダッ ムロコッ]

□ かまいません。／それでは待ちます。

# Tidak apa. ／ Kalau begitu, saya tunggu.
　ティダッ　アパ　　　　カラウ　　ブギトゥ　　サヤ　　トゥング

□ 隅の席をお願いします。

# Minta tempat di sudut.
　ミンタ　　トゥンパッ　ディ　スドゥッ

□ ながめのよい席をお願いします。

# Minta tempat dengan pemandangan cantik.
　ミンタ　　トゥンパッ　ドゥ(ン)ガン　プマンダ(ン)ガン　チャンティッ

□ 子供用の椅子をお願いします。

# Minta kerusi untuk budak kecil.
　ミンタ　　　クルスィ　　ウントゥッ　　ブダッ　　クチル

PART 4

すぐに話せる！マレーシア旅行重要フレーズ

133

# BAB 32 レストラン〈注文する〉

### ショート対話

□ A: すみません。メニューを見せていただけますか？

**Maaf. Boleh tengok menu?**
マアフ　ボレ　テンゴッ　メニュ

若い男性にはBang, Bang.［バン(グ) バン(グ)］「お兄さん」

□ B: ご注文は何になさいますか？

**Mahu pesan apa?**
マフ　プサン　アパ

若い女性にはAkak, Akak.［アカッ アカッ］「お姉さん」
年下の男女には、Dik, Dik.［ディッ ディッ］と呼びかけてもかまいません。

□ A: 焼き飯とアイスティーをください。

**Minta nasi goreng dan teh ais.**
ミンタ　ナスィ　ゴレン(グ)　ダン　テ　アイス

□ B: 承知しました。ありがとうございます。

**Baiklah, terima kasih.**
バイッラ　トゥリマ　カスィ

### 関連単語・表現

○焼きそば
**mi goreng**
ミ　ゴレン(グ)

○唐揚げセット
**set ayam goreng**
セッ　アヤム　ゴレン(グ)

セットメニューのことです。

○アイスコーヒー
**kopi ais**
コピ　アイス

○ココナツジュース
**jus kelapa**
ジュス　クラパ

## すぐに使えるフレーズ

☐ 英語のメニューはありますか？

## Ada menu bahasa Inggeris?
アダ　　メニュ　　バハサ　　　イングリス

☐ （メニューを指して）これをください。

## Minta ini.
ミンタ　イニ

☐ ビールを2つお願いします。

## Minta bir dua.
ミンタ　　ビル　ドゥア

☐ 冷えているのをください。

## Minta yang sejuk.
ミンタ　　ヤン(グ)　スジュッ

冷えていないビールに
氷を入れることもあります。

☐ あれと同じものをください。

## Minta yang sama dengan itu.
ミンタ　　ヤン(グ)　　サマ　　ドゥ(ン)ガン　イトゥ

☐ あまり辛くしないでください。

## Jangan terlalu pedas.
ジャ(ン)ガン　　トゥルラル　　プダス

PART 4

すぐに話せる！マレーシア旅行重要フレーズ

135

# BAB 33 レストラン〈料理についてたずねる〉

## ショート対話

A: この店の特別料理は何ですか？

**Apa masakan istimewa restoran ini?**
　アパ　　　マサカン　　　イスティメワ　　　レストラン　　イニ

B: ダギン・マサック・ルマック・チリ・アピです。

**Daging masak lemak cili api.**
　ダギン　　　マサッ　　　ルマッ　　　チリ　　アピ

A: それはどんな料理ですか？

**Itu masakan apa?**
　イトゥ　　マサカン　　アパ

※ヌグリ・スンビラン州の郷土料理で、牛肉を唐辛子、ニンニク、ターメリックなどの香辛料とココナッツミルクで煮込んだピリ辛料理。

B: 牛肉料理です。

**Masakan daging lembu.**
　マサカン　　　ダギン(グ)　　ルンブ

## 関連単語・表現

○鶏肉
**daging ayam**
ダギン(グ)　アヤム

○やぎ肉
**daging kambing**
ダギン(グ)　カンビン(グ)

○魚
**ikan**
イカン

○野菜
**sayur**
サユル

○卵
**telur**
トゥルル

## すぐに使えるフレーズ

□ この地方の名物料理はどれですか？

# Yang mana masakan istimewa daerah ini?
ヤン(グ)　マナ　マサカン　イスティメワ　ダエラ　イニ

□ この料理は辛いですか？

# Masakan ini pedas?
マサカン　イニ　プダス

味覚はP37参照。

□ 私はココナツミルクが苦手です。

# Saya tidak suka santan.
サヤ　ティダッ　スカ　サンタン

□ この料理には肉が入っていますか？

# Masakan ini ada daging?
マサカン　イニ　アダ　ダギン

□ 子供用メニューはありますか？

# Ada menu kanak-kanak?
アダ　メニュー　カナッカナッ

□ お酒はありますか？

# Ada minuman keras?
アダ　ミヌマン　クラス

「ソフトドリンク」は
minuman ringan
[ミヌマン リ(ン)ガン]

PART 4

すぐに話せる！マレーシア旅行重要フレーズ

137

# BAB 34 レストラン〈依頼する〉

## よく使う表現

□ すみません，スプーンを落としました。

**Maafkan saya, sudu saya terjatuh.**
マアフカン　サヤ　スドゥ　サヤ　トゥルジャトゥ

□ 新しいフォークを持ってください。

**Tolong bawakan garpu baru.**
トロン(グ)　バワカン　ガルプ　バル

□ ビールをもう1つください。

**Minta bir satu lagi.**
ミンタ　ビル　サトゥ　ラギ

□ 氷を入れないでください。

**Jangan masukkan ais.**
ジャ(ン)ガン　マスッカン　アイス

## 関連単語・表現

○ナイフ
**pisau**
ピサウ

○箸
**penyepit**
プニュピッ

○コップ
**gelas**
グラス

○カップ
**cawan**
チャワン

○お椀
**mangkuk**
マンクッ

○ナプキン
*napkin*
ナッ(プ)キン

英語の *chopstics* もよく使います。

## すぐに使えるフレーズ

☐ 小皿をください。

### Minta pinggan kecil.
ミンタ　　ピンガン　　クチル

☐ 注文した料理がまだ来ていません。

### Pesanan saya belum sampai.
プサナン　　サヤ　　ブルム　　サンパイ

☐ ご飯の量を少なくしてもらえますか？

### Boleh kurangkan nasi saya?
ボレ　　クラン(グ)カン　　ナスィ　　サヤ

☐ サンバル（辛味調味料）はいりません。

### Saya tidak mahu sambal.
サヤ　　ティダッ　　マフ　　サンバル

*トウガラシ、ニンニクなど様々な香辛料をすりつぶして作るマレー料理に欠かせない万能調味料。*

☐ 注文した紅茶をコーヒーに替えてください。

### Tolong tukar teh yang saya pesan dengan kopi.
トロン(グ)　トゥカル　テ　ヤン(ク)　サヤ　プサン　ドゥ(ン)ガン　コピ

☐ お皿を下げてください。

### Tolong ambil pinggan saya.
トロン(グ)　アンビル　ピンガン　サヤ

PART 4

すぐに話せる！マレーシア旅行重要フレーズ

# BAB 35 レストラン〈デザート, テイクアウト〉

## ショート対話

□ A: デザートには何がありますか？

**Ada pencuci mulut apa?**
アダ　プンチュチ　ムルッ　アパ

□ B: アイスクリームと果物です。

**Ais krim dan buah-buahan.**
アイス　クリム　ダン　ブアブアハン

□ A: アイスクリームを３つください。

**Minta ais krim tiga.**
ミンタ　アイス　クリム　ティガ

□ B: すぐにお持ちします。

**Saya akan bawa sebentar lagi.**
サヤ　アカン　バワ　スブンタル　ラギ

## 関連単語・表現

○菓子
　**kuih**
　クイ

○小豆のぜんざい
　**bubur kacang merah**
　ブブル　カチャン(グ)　メラ

○揚げバナナ
　**pisang goreng**
　ピサン(グ)　ゴレン(グ)

○ミックスかき氷
　**ABC / air batu campur**
　エイビースィー　アイル　バトゥ　チャンプル

campurは「混合する」で豆、寒天、フルーツ、コーンなどが入っています。

## すぐに使えるフレーズ

□ 頼んだ**デザート**を今すぐ出してください。

### Tolong bawa pencuci mulut sekarang.
トロン(グ)　バワ　プンチュチ　ムルッ　スカラン(グ)

□ まだ食べ終わっていません。

### Saya belum selesai makan.
サヤ　ブルム　スルサイ　マカン

食べ終わった場合は、belumをsudah［スダ］に変えます。P.23参照。

食べ終わっていないのに皿を下げようとするウェイターに伝えましょう。

□ （持ち帰り用に）残りを包んでください。

### Tolong bungkus lebihan makanan ini.
トロン(グ)　ブンクス　ルビハン　マカナン　イニ

□ **焼そば**をテイクアウトでお願いします。

### Saya mahu pesan mi goreng untuk dibawa balik.
サヤ　マフ　プサン　ミ　コレン(グ)　ウントゥッ　ディバワ　バリッ

□ **オムライス**を1つ。テイクアウトで。

### Saya mahu nasi pataya, satu. Bungkus.
サヤ　マフ　ナスィ　パタヤ　リトゥ　ブンクス

テイクアウトしたい時にはBungkus.「包んでください」と言います。

□ とてもおいしかったです。

### Rasanya sangat sedap.
ラサニャ　サンガッ　スダッ(プ)

PART 4　すぐに話せる！マレーシア旅行重要フレーズ

141

## BAB 36 レストラン〈会計をする〉

### ショート対話

□ A: お勘定をお願いします。

**Minta bil.**
ミンタ　ビル

□ B: 100リンギットです。

**Seratus ringgit.**
スラトゥス　　　リンギッ

□ A: クレジットカードは使えますか？

**Boleh guna kad kredit?**
ボレ　　グナ　　カッ　クレディッ

□ B: 使えます。ここにサインをお願いします。

**Boleh. Sila tandatangan di sini.**
ボレ　　スィラ　　タンダタ(ン)ガン　ディ スィニ

---

### 関連単語・表現

○ クレジットカードは使えません。現金のみです。
**Tidak boleh guna kad kredit. Tunai sahaja.**
ティダッ　ボレ　グナ　カッ　クレディッ　トゥナイ　サハジャ

○ このクレジットカードは使えません。
**Kad kredit ini tidak boleh diguna.**
カッ　クレディッ　イニ　ティダッ　ボレ　ディグナ

## すぐに使えるフレーズ

☐ 全部でいくらですか？

### Berapa semua?
ブラパ　　スムア

☐ 計算がまちがっていませんか？

### Tidak salah kira?
ティダッ　　サラ　　キラ

☐ これは注文していません。

### Saya tidak pesan ini.
サヤ　　ティダッ　　プサン　　イニ

☐ これは何の料金ですか？

### Ini bayaran untuk apa?
イニ　　バヤラン　　ウントゥッ　　アパ

☐ おつりは取っておいてください。

### Ambil wang baki.
アンビル　　ワン(グ)　　バキ

☐ 領収証をください。

### Minta resit.
ミンタ　　リシッ

143

# BAB 37 ショッピング〈品物を探す〉

## ショート対話

☐ A: お手伝いしましょうか？

**Boleh saya bantu?**
ボレ　サヤ　バントゥ

☐ B: かばんを探しています。

**Saya cari beg.**
サヤ　チャリ　ベッ(グ)

☐ A: これはいかがですか？

**Bagaimana dengan yang ini?**
バガイマナ　ドゥ(ン)ガン　ヤン(グ)　イニ

☐ B: それをもらいます。

**Saya mahu yang itu.**
サヤ　マフ　ヤン(グ)　イトゥ

※複数名詞の中からある名詞を限定する時に使います。この場合はたくさんのかばんから1つを選ぶためにyangが必要です。

## 関連単語・表現

○服
**pakaian**
パカイアン

○サンダル
**sandal**
サンダル

○帽子
**topi**
トピ

○アクセサリー
**aksesori**
アクセソリ

○化粧品
**kosmetik**
コスメティッ

○日用家庭用品
**barang rumah**
バラン(グ)　ルマ

## すぐに使えるフレーズ

☐ **食品**売り場はどこですか？

# Di mana tempat jual makanan?
ディ　マナ　トゥンパッ　ジュアル　マカナン

☐ **1**階です。

# Di tingkat satu.
ディ　ティンカッ　サトゥ

「地下1階」は
tingkat satu bawah tanah
[ティンカッ サトゥ バワ タナ]

☐ まずは見せてください。

# Saya mahu tengok dulu.
サヤ　マフ　テンゴッ　ドゥル

☐ **Tシャツ**はありますか？

# Ada baju *T-shirt*?
アダ　バジュ　ティーシャツ

☐ **これ**がいいです。

# Saya nak yang ini.
サヤ　ナッ　ヤン(グ)　イニ

☐ これを**5**つほしいです。

# Saya mahu ambil ini, lima.
サヤ　マフ　アンビル　イニ　リマ

iniと数字の間に少しポーズを入れて言いましょう。

PART 4
すぐに話せる！マレーシア旅行重要フレーズ

# BAB 38 ショッピング〈品物についてたずねる〉

### ショート対話

□ A: 素材は何ですか（何でできていますか）？

**Dibuat daripada apa?**
ディブアッ　　ダリパダ　　アパ

□ B: 木綿です。

**Daripada kain kapas.**
ダリパダ　　カイン　　カパス

□ A: 赤はありますか？

**Ada warna merah?**
アダ　　ワルナ　　メラ

色はP36参照。

□ B: 品切れです。青と緑はあります。

**Sudah habis. Ada yang biru dan hijau.**
スダ　　ハビス　　アダ　　ヤン(グ)　　ビル　　ダン　　ヒジャウ

### 関連単語・表現

○シルク
**sutera**
ストゥラ

○本革
**kulit asli**
クリッ　アスリ

○合皮
**kulit buatan**
クリッ　ブアタン

○金
**emas**
ウマス

○銀
**perak**
ペラッ

○ビニール
**plastik**
プラスティッ

146

## すぐに使えるフレーズ

☐ 人気のある**おみやげ**は何ですか？

# Cenderamata apa yang popular?
チュンドゥラマタ　　　アパ　　ヤン(グ)　　ポプラル

☐ ほかの**種類**はありますか？

# Ada jenis lain?
アダ　　ジュニス　　ライン

☐ 何**色**がありますか？

# Ada warna apa?
アダ　　ワルナ　　アパ

☐ これと同じものはありますか？

# Ada yang sama dengan ini?
アダ　　ヤン(グ)　　サマ　　ドゥ(ン)ガン　　イー

☐ 在庫はありますか？

# Masih ada stok?
マスィ　　アダ　　ストッ

☐ あります。／品切れです。

# Ada. / Sudah habis.
アダ　　　　スダ　　ハビス

PART 4
すぐに話せる！マレーシア旅行重要フレーズ

147

# BAB 39 ショッピング〈試着する〉

## ショート対話

□ A: 試しても（試着しても）いいですか？

**Boleh saya cuba?**
ボレ　　サヤ　　チュバ

*試着、試食、試乗など何でも試したいことに使います。ここでは試着の意味です。*

□ B: 試着室はあちらです。

**Bilik persalinan pakaian di sana.**
ビリッ　　プルサリナン　　パカイアン　　ディ　サナ

*pakaian「服」は省略可。英語の fitting room もよく使われます。*

□ A: これは大きすぎます。

**Ini terlalu besar.**
イニ　トゥルラル　　ブサル

□ A: もっと小さいのはありますか？

**Ada yang lebih kecil?**
アダ　ヤン(グ)　ルビ　　クチル

## 関連単語・表現

| ○（値段が）高い | ○安い | ○長い |
|---|---|---|
| **mahal** | **murah** | **panjang** |
| マハル | ムラ | パンジャン(グ) |

| ○短い | ○ゆるい | ○きつい |
|---|---|---|
| **pendek** | **longgar** | **ketat** |
| ペンデッ | ロンガル | クタッ |

## すぐに使えるフレーズ

□ 試着室はどこですか？

**Bilik persalinan di mana?**
ビリッ　　プルサリナン　　ディ　マナ

□ これはぴったりです。

**Baju ini muat.**　　サイズがぴったりの時に使います。
バジュ　イニ　ムアッ

□ これはとても似合っています。

**Ini sangat padan.**　　「私にぴったり」などお似合いの意味です。
イニ　　サンガッ　　パダン

□ この柄は好きではありません。

**Saya tidak suka corak ini.**
サヤ　　ティダッ　スカ　　チョラッ　イニ

□ 私の探しているものは，ここにはありません。

**Barang yang saya cari tidak ada di sini.**
バラン(グ)　ヤン(グ)　サヤ　チャリ　ティダッ　アダ　ディ　スィニ

□ すみませんが，ほかを探します。

**Minta maaf, saya cari di tempat lain.**
ミンタ　　マアフ　　サヤ　チャリ　ディ　トゥンパッ　　ライン

PART 4 すぐに話せる！マレーシア旅行重要フレーズ

149

# BAB 40 ショッピング〈支払い〉

### ショート対話

☐ A: これはいくらですか？

**Berapa harga ini?**
ブラパ　ハルガ　イニ

☐ B: 100 リンギットです。

**Seratus ringgit.**
スラトゥス　　　リンギッ

値段の表記はRM100となります。
RMはRinggit Malaysiaの略。

☐ A: 2つ買ったら，値引きしてもらえますか？

**Kalau beli dua, dapat diskaun?**
カラウ　ブリ　ドゥア　ダパッ　ディスカウン

☐ B: 10パーセント引きにします。

**Saya beri diskaun 10 peratus.**
サヤ　ブリ　ディスカウン　スプル　プラトゥス

### 関連単語・表現

○ わあ，高すぎます。
**Wah, terlalu mahal.**
ワア　トゥルラル　マハル

○ 50リンギットでどうですか？
**Bagaimana kalau lima puluh ringgit?**
バガイマナ　カラウ　リマ　プル　リンギッ

価格が高いと思ったら、自分が買ってもよいと思う金額を提示しましょう。

## すぐに使えるフレーズ

☐ 値段を書いてください。

### Tolong tulis harga.
トロン(グ)　トゥリス　ハルガ

☐ 割引後, いくらになりますか？

### Berapa harga selepas diskaun?
ブラパ　ハルガ　スルパス　ディスカウン

☐ 包んでもらえますか？　プレゼント用です。

### Boleh tolong bungkuskan? Untuk hadiah.
ボレ　トロン(グ)　ブンクスカン　ウントゥッ　ハディア

☐ 別々に包んでください。

### Tolong bungkus asing-asing.
トロン(グ)　ブンクス　アスィン(グ)アスィン(グ)

☐ この値段では買いません。

### Kalau harga ini, saya tidak mahu beli.
カラウ　ハルガ　イニ　サヤ　ティダッ　マフ　ブリ

☐ もう少し考えます。

### Biar saya fikir dulu.
ビアル　サヤ　フィキル　ドゥル

PART 4
すぐに話せる！マレーシア旅行重要フレーズ

151

# BAB 41 観光〈道をたずねる〉

### ショート対話

□ A: すみません，博物館はどこですか？

**Maafkan saya, di mana muzium?**
マアフカン　サヤ　ディ　マナ　ムズィウム

□ B: ここから遠いです。

**Jauh dari sini.**
ジャウ　ダリ　スィニ

「近い」は dekat [ドゥカッ]

□ A: そこへはバスで行くことができますか？

**Boleh ke sana dengan bas?**
ボレ　ク　サナ　ドゥ(ン)ガン　バス

□ B: （行くことが）できます。約20分です。

**Boleh. Kira-kira 20 minit.**
ボレ　キラキラ　ドゥアプル　ミニッ

否定は Tidak boleh. [ティダッ ボレ]「（行くことが）できません」

### 関連単語・表現

| ○美術館 | ○王宮 | ○モスク |
|---|---|---|
| **muzium seni** | **istana** | **masjid** |
| ムズィウム スニ | イスタナ | マスジッ |

| ○ヒンドゥー教寺院 | ○仏教寺院 | ○教会 |
|---|---|---|
| **kuil** | **tokong** | **gereja** |
| クイル | トコン(グ) | グレジャ |

マレーシアの宗教は各民族との関係が強く、主にマレー系はイスラム教、中国系は仏教、インド系はヒンドゥー教、そのほかはキリスト教。

## すぐに使えるフレーズ

☐ 動物園へはどう行けばいいですか？

## Bagaimana cara pergi ke zoo?
バガイマナ　　　　チャラ　　　プルギ　　ク　　ズー

☐ タクシーに乗ったほうがいいですよ。

## Lebih baik naik teksi.
ルビ　　　バイッ　　ナイッ　　テクスィ

☐ タクシーでどれくらい時間がかかりますか？

## Berapa lama dengan teksi?
ブラパ　　　ラマ　　　ドゥ(ン)ガン　　テクスィ

☐ 渋滞がなければ，1時間です。　　渋滞がひどい都市部では、いつ到着するか読めないこともあります。

## Kalau jalan tidak sesak, satu jam.
カラウ　　ジャラン　ティダッ　スサッ　　サトゥ　　ジャム

☐ ここから市場までトライショー（人力三輪車）の料金はいくらですか？
　　　　　　　　　　　　　　　　ペナン島やマラッカでは観光用に観光客が利用。

## Berapa tambang beca dari sini ke pasar?
ブラパ　　タンバン(グ)　　ベチャ　　ダリ　スィニ　ク　　パサル

☐ ここは何通りですか？

## Ini jalan apa?
イニ　ジャラン　アパ

PART 4

すぐに話せる！マレーシア旅行重要フレーズ

153

# BAB 42 観光〈場所をたずねる〉

## ショート対話

□ A: この近くにトイレはありますか？

**Di sekitar sini ada tandas?**
ディ　スキタル　スィニ　アダ　タンダス

toilet [トイレッ] もよく使われます。

□ B: その建物までまっすぐ歩いてください。

**Jalan lurus sampai bangunan itu.**
ジャラン　ルルス　サンパイ　バ(ン)グナン(グ)　イトゥ

□ B: それから，右に曲がってください。

**Selepas itu, belok kanan.**
スルパス　イトゥ　ベロッ　カナン

□ B: トイレは右側にあります。

**Tandas ada di sebelah kanan.**
タンダス　アダ　ディ　スブラ　カナン

## 関連単語・表現

○信号
**lampu isyarat**
ランプ　イシャラッ

○左
**kiri**
キリ

○左側
**sebelah kiri**
スブラ　キリ

○ここ
**sini**
スィニ

○そこ
**situ**
スィトゥ

○あそこ
**sana**
サナ

## すぐに使えるフレーズ

□ 海岸はここから遠いですか？

# Adakah pantai jauh dari sini?
アダカ　パンタイ　ジャウ　ダリ　スィニ

□ この地図で指し示してください。

# Tolong tunjukkan di peta ini.
トロン(グ)　トゥンジュッカン　ディ　プタ　イニ

□ そこへは歩いて行けますか？

# Boleh ke sana dengan berjalan kaki?
ボレ　ク　サナ　ドゥ(ン)ガン　ブルジャラン　カキ

□ 歩いて10分くらいです。

# Kalau berjalan kaki, kira-kira sepuluh minit.
カラウ　ブルジャラン　カキ　キラキラ　スプル　ミニッ

「約、おおよそ、だいたい」の意味です。

□ 連れて行ってもらえますか？

# Boleh hantar saya?
ボレ　ハンタル　サヤ

□ 道に迷いました。

# Saya tersesat.
サヤ　トゥルスサッ

PART 4

すぐに話せる！マレーシア旅行重要フレーズ

155

# BAB 43 観光〈観光ツアー〉

### よく使う表現

□ 市内観光ツアーに参加したいのですが。

**Saya mahu ikut rombongan pelancongan dalam bandar.**
サヤ マフ イクッ ロンボ(ン)ガン プランチョ(ン)ガン ダラム バンダル

□ 1日のツアーはありますか？

**Ada lawatan satu hari?**
アダ ラワタン サトゥ ハリ

□ 何時に出発しますか？

**Bertolak pada pukul berapa?**
ブルトラッ パダ プクル ブラパ

□ 日本語のできる観光ガイドはいますか？

**Ada pemandu pelancong yang boleh berbahasa Jepun?**
アダ プマンドゥ プランチョン ヤン(グ) ボレ ブルバハサ ジュプン

### 関連単語・表現

○半日
**setengah hari**
ストゥ(ン)ガ ハリ

○午前
**sebelah pagi**
スブラ パギ

○午後
**sebelah petang**
スブラ プタン(グ)

○夜間
**sebelah malam**
スブラ マラム

○戻る
**balik**
バリッ

○英国
**Inggeris**
イングリス

berbahasa Inggeris は「英語を話す、使う」

## すぐに使えるフレーズ

□ **所要時間**はどれくらいですか？

# Ambil masa berapa lama?
アンビル　マサ　　ブラパ　　ラマ

makan masa [マカン マサ] とも言います。

□ **食事**は付いていますか？

# Sudah termasuk makan?
スダ　　トゥルマスッ　　マカン

□ **写真を撮る**時間はありますか？

# Ada waktu untuk ambil gambar?
アダ　ワットゥ　ウントゥッ　アンビル　　ガンバル

tangkap gambar [タン(グ)カッ(プ) ガンバル] とも言います。

□ 何時に**バス**に戻ればいいですか？

# Pukul berapa harus kembali ke bas?
プクル　　ブラパ　　ハルス　　クンバリ　ク　バス

balik [バリッ] とも言います。

□ あとどれくらいで**到着**しますか？

# Berapa lama lagi untuk sampai?
ブラパ　　ラマ　　ラギ　ウントゥッ　　サンパイ

□ ありがとうございます。とても楽しかったです。

# Terima kasih. Sangat seronok.
トゥリマ　　カスィ　　サ(ン)ガッ　　スロノッ

PART 4

すぐに話せる！マレーシア旅行重要フレーズ

157

# BAB 44 観光〈博物館，美術館〉

## よく使う表現

□ **入館料**はいくらですか？

**Berapa bayaran masuk?**
ブラパ　　バヤラン　　マスッ

□ **大人**2枚ください。

**Minta dua tiket untuk dewasa.**
ミンタ　ドゥア　ティケッ　ウントゥッ　デワサ

□ 何時に**閉まり**ますか？

**Pukul berapa tutup?**
プクル　　ブラパ　　トゥトゥッ(プ)

□ **入口**はどこですか？

**Di mana pintu masuk?**
ディ　マナ　　ピントゥ　マスッ

## 関連単語・表現

○駐車料金
**bayaran letak kereta**
バヤラン　ルタッ　クレタ

○子供
**kanak-kanak**
カナッカナッ

○開く
**buka**
ブカ

○みやげ物店
**kedai cenderamata**
クダイ　チュンドゥラマタ

○出口
**pintu keluar**
ピントゥ　クルアル

○カフェテリア
**kafetaria**
カフェタリア

## すぐに使えるフレーズ

☐ 休館日は何曜日ですか？

# Hari apa tutup?
ハリ　アパ　トゥトゥッ(プ)

※「開(館)」はbuka [ブカ]。
店や事務所などの営業日や休業日をたずねる時にも使います。

Hari apa?「何曜日ですか？」は曜日をたずねる表現です。

☐ 年中無休です。／月曜日です。

# Buka setiap hari. / Hari Isnin.
ブカ　スティアッ(プ)　ハリ　ハリ　イスニン

曜日はP31参照。

☐ 日本語のパンフレットはありますか？

# Ada risalah dalam bahasa Jepun?
アダ　リサラ　ダラム　バハサ　ジュプン

☐ 休憩所はありますか？

# Ada tempat rehat?
アダ　トゥンパッ　レハッ

☐ この荷物を預かってもらえますか？

# Boleh simpan barang ini?
ボレ　スィンパン　バラン(グ)　イニ

手荷物持ち込み禁止の博物館や店では、tempat Penyimpanan Barang[トゥンパッ プニンパナン バラン(グ)]「手荷物預かり所」に荷物を預けます。

☐ 預けた荷物を受け取りたいのですが。

# Saya mahu ambil barang simpanan.
サヤ　マフ　アンビル　バラン(グ)　スィンパナン

PART 4

すぐに話せる！マレーシア旅行重要フレーズ

159

# BAB 45 観光〈公演, コンサート〉

## ショート対話

□ A: 開演は何時ですか？

**Pukul berapa pertunjukan bermula?**
プクル　　　ブラパ　　　　プルトゥンジュカン　　　　ブルムラ

□ B: 1時間後です。

**Satu jam lagi.**
サトゥ　ジャム　ラギ

時刻はP32参照。

□ A: 公演のチケットはまだありますか？

**Masih ada tiket pertunjukan?**
マスィ　　アダ　ティケッ　　プルトゥンジュカン

□ B: 売り切れました。明日はどうですか？

**Sudah habis. Bagaimana kalau esok?**
スダ　　　ハビス　　　バガイマナ　　　カラウ　　エソッ

---

### 関連単語・表現

○終演
**pertunjukan selesai**
プルトゥンジュカン　スルサイ

○休憩時間
**waktu rehat**
ワットゥ　レハッ

○映画
**filem**
フィルム

○影絵芝居
**wayang kulit**
ワヤン(グ)　クリッ

○コンサート
**konsert**
コンサルッ

## すぐに使えるフレーズ

☐ どこでマレー舞踊を見ることができますか？

**Boleh tengok tarian Melayu di mana?**
ボレ　　テンゴッ　　タリアン　　ムラユ　　ディ　　マナ

☐ 人気のある公演はどれですか？

**Pertunjukan mana yang popular?**
プルトゥンジュカン　　マナ　　ヤン(グ)　　ポプラル

☐ 今晩のチケットはまだありますか？

**Masih ada tiket untuk malam ini?**
マスィ　アダ　ティケッ　ウントゥッ　マラム　イニ

☐ いつ空席がありますか？

**Bila ada tempat duduk kosong?**
ビラ　アダ　トゥンパッ　ドゥドゥッ　コソン(グ)

☐ ステージから近い席をお願いします。

**Minta tempat duduk dekat dengan pentas.**
ミンタ　トゥンパッ　ドゥドゥッ　ドゥカッ　ドゥ(ン)ガン　プンタス

☐ どこで軽食を買えますか？

**Di mana boleh boli makanan ringan?**
ディ　マナ　ボレ　ブリ　マカナン　リ(ン)ガン

PART 4

すぐに話せる！マレーシア旅行重要フレーズ

161

# BAB 46 観光〈写真を撮る〉

## ショート対話

□ A: ここで写真を撮ってもいいですか？

**Boleh ambil gambar di sini?**
　ボレ　　　アンビル　　　ガンバル　　　ディ スィニ

□ B: いいです。どうぞ。

**Boleh. Silakan.**
　ボレ　　　　スィラカン

□ A: フラッシュを使ってもいいですか？

**Boleh guna *flash*?**
　ボレ　　グナ　　フラッシュ

□ B: ダメです。

**Tidak boleh.**
　ティダッ　　ボレ

---

### 関連単語・表現

○ ここでビデオを撮ってもいいですか？
**Boleh rakam video di sini?**
　ボレ　　ラカム　　ヴィデオ ディ スィニ

○ 撮影禁止
**Dilarang Ambil Gambar**
　ディララン(グ)　アンビル　　ガンバル

○ 立入禁止
**Dilarang Masuk**
　ディララン(グ)　　マスッ

162

## すぐに使えるフレーズ

☐ 一緒に写真を撮ってもいいですか？

## Boleh ambil gambar bersama-sama?
ボレ　　アンビル　　ガンバル　　　　ブルサマサマ

☐ あなたの写真を撮ってもいいですか？

## Boleh saya ambil gambar <u>awak</u>?
ボレ　　サヤ　　アンビル　　ガンバル　　アワッ

☐ 私の写真を撮ってください。

## Tolong ambil gambar saya.
トロン(グ)　　アンビル　　ガンバル　　サヤ

☐ このボタンを押すだけです。

## Tekan butang ini sahaja.
トゥカン　　ブタン(グ)　　イニ　　サハジャ

☐ 笑ってください。

## Senyum.
スニュム

*写真を撮る時には、senyum. の後に satu, dua, tiga. [サトゥ ドゥア ティガ]「1、2、3」と言ってから、シャッターを押します。*

☐ もう一度、お願いします。

## Tolong sekali lagi.
トロン(グ)　　スカリ　　ラギ

# BAB 47 観光〈エステ，マッサージ〉

### ショート対話

□ A: どのようなメニューがありますか？

**Ada layanan seperti apa?**
アダ　ラヤナン　スプルティ　アパ

「サービス」という意味ですが、ここでは「施術(メニュー)」のことです。

□ A: これをお願いします。

**Saya mahu yang ini.**
サヤ　マフ　ヤン(グ)　イニ

□ A: 今すぐ始めることができますか？

**Boleh mula sekarang?**
ボレ　ムラ　スカラン(グ)

□ B: 30分お待ちいただけますか？

**Boleh tunggu 30 minit?**
ボレ　トゥング　ティガプル　ミニッ

---

### 関連単語・表現

○全身マッサージ
**urut seluruh badan**
ウルッ　スルル　バダン

○頭皮マッサージ
**urut kepala**
ウルッ　クパラ

○足つぼマッサージ
**refleksologi**
レフレクソロギ

○マニキュア
**terapi kuku**
テラピ　クク

## すぐに使えるフレーズ

□ 肩が凝っています。

### Bahu saya tegang.
バフ　　サヤ　　トゥガン(グ)

身体の部位は P190 参照。

□ 背中が痛いです。

### Belakang saya sakit.
ブラカン(グ)　　サヤ　　サキッ

□ もっと強く押して（マッサージして）ください。

### Tolong picit lebih kuat.
トロン(グ)　ピチッ　ルビ　クアッ

lenbut［ルンブッ］「弱く」

□ そこをもっとマッサージしてください。

### Tolong urut lagi di situ.
トロン(グ)　ウルッ　ラギ　ディ　スイトゥ

□ そこはマッサージしないでください。

### Jangan urut di situ.
ジャ(ン)ガン　ウルッ　ディ　スイトゥ

□ とても気持ちがいいです。

### Sangat nyaman.
サンガッ　ニャマン

PART 4

すぐに話せる！マレーシア旅行重要フレーズ

165

# BAB 48 郵便〈郵便を出す〉

## よく使う表現

□ この**手紙**を**日本**に送りたいのですが。

**Saya mahu kirim surat ini ke Jepun.**
サヤ　マフ　キリム　スラッ　イニ　ク　ジュプン

□ **航空便**でお願いします。

**Tolong pos dengan pos udara.**
トロン(グ)　ポス　ドゥ(ン)ガン　ポス　ウダラ

pos「郵便で送る」、kirim [キリム]「送る」のどちらでも使えます。

□ **航空便**で送料はいくらですか？

**Berapa bayaran pos dengan pos udara?**
ブラパ　バヤラン　ポス　ドゥ(ン)ガン　ポス　ウダラ

□ **速達**の場合，何日で届きますか？

**Ambil masa berapa hari kalau guna pos laju?**
アンビル　マサ　ブラパ　ハリ　カラウ　グナ　ポス　ラジュ

## 関連単語・表現

○ 小包
**bungkusan**
ブンクサン

○ はがき
**poskad**
ポスカッ

○ 船便
**pos laut**
ポス　ラウッ

○ 国際エクスプレスメール
**pos ekspres antarabangsa**
ポス　エクスプレス　アンタラバン(グ)サ

## すぐに使えるフレーズ

☐ **国際郵便**の窓口はどこですか？

### Di mana kaunter pos antarabangsa?
ディ　マナ　カウンタル　ポス　アンタラバン(グ)サ

☐ **切手**はどこで売っていますか？

### Di mana tempat jual setem?
ディ　マナ　トゥンパッ　ジュアル　ステム

☐ **切手**をください。

### Minta setem.
ミンタ　ステム

☐ **記念切手**はありますか？

### Ada setem kenangan?
アダ　ステム　クナンガン

setem istimewa
［スティム イスティメワ］とも言います。

☐ **書留**でお願いします。

### Tolong pos dengan pos berdaftar.
トロン(グ)　ポス　ドゥ(ン)ガン　ポス　ブルダフタル

☐ この**封筒**の中身は**印刷物**です。

### Isi sampul ini barang cetakan.
イスィ　サンプル　イニ　バラン(グ)　チェタカン

## BAB 49 電話〈電話をかける〉

### ショート対話

「やぁ!」という気軽な挨拶ですが、電話では「もしもし」として使われます。

☐ A: もしもし。マネージャー（さん）のラフマンさんとお話ししたいのですが。

**_Hello_. Boleh saya bercakap dengan Tuan Pengarah, Encik Rahman?**
ヘロ　ボレ　サヤ　ブルチャカッ（プ）　ドゥ（ン）ガン　トゥアン　プ（ン）ガラ　ウンチッ　ラフマン

「マネージャーさん」の「〜さん」は男性は Tuan [トゥアン]、女性は puan [プアン] を入れます。P15参照。

☐ B: はい、私ですが。

**Ya, ini saya bercakap.**
ヤ　イニ　サヤ　ブルチャカッ（プ）

☐ B: どちら様ですか？

**Siapa ini?**
スィアパ　イニ

☐ A: XYZ 会社の田中です。

**Saya Tanaka dari syarikat XYZ.**
サヤ　タナカ　ダリ　シャリカッ　エクス　ワイ　ゼッ

---

### 関連単語・表現

○社長
**pengarah / direktor**
プ（ン）ガラ　ディレットル

○役員
**pengarah eksekutif**
プ（ン）ガラ　エクセクティフ

○秘書
**setiausaha**
スティアウサハ

○受付係
**penyambut tetamu**
プニャンブッ　トゥタム

## すぐに使えるフレーズ

□ こちらはファティン様の携帯電話ですか？

**Adakah ini nombor telefon bimbit Puan Fatin?**
アダカ　イニ　ノンボル　テレフォン　ビンビッ　プアン　ファティン

*このpuan[プアン]「～夫人、～さん」は敬称です。P15参照。*

□ すみません，かけまちがえました。

**Maafkan saya, salah nombor.**
マアフカン　サヤ　サラ　ノンボル

*salah nomborは「間違った番号」。間違い電話がかかってきた時に、Mungkin salah nombor.「おそらく番号をお間違えです」とも言います。*

□ 568号室をお願いします。

**Tolong sambungkan ke bilik 568.**
トロン(グ)　サンブンカン　ク　ビリッ　リマ ウナム ラパン

□ 内線132をお願いします。

**Tolong sambungkan ke talian 132.**
トロン(グ)　サンブンカン　ク　タリアン　サトゥ ティガ ドゥア

□ ゆっくり話してください。

**Tolong cakap perlahan-lahan.**
トロン(グ)　チャカッ(プ)　ノルラハンラハン

□ すみません，声がよく聞こえません。

**Minta maaf, suara tidak berapa jelas.**
ミンタ　マアフ　スアラ　ティダッ　ブラパ　ジュラス

PART 4

すぐに話せる！マレーシア旅行重要フレーズ

169

# BAB 50 電話〈伝言を残す〉

## ショート対話

□ A: もしもし。ヘルミさんはいますか？

**Hello. Encik Helmi ada?**
ヘロ　ウンチッ　ヘルミ　アダ

※この Encik 「〜さん」は敬称です。P15参照。

□ B: 少々，お待ちください。ただ今，外出中です。

**Tolong tunggu sebentar.**
トロン（グ）　トゥング　スブンタル

**Dia berada di luar sekarang.**
ディア　ブルアダ　ディ　ルアル　スカラン（グ）

□ A: ヘルミさんの友人の木村です。

**Saya Kimura, kawan Encik Helmi.**
サヤ　キムラ　カワン　ウンチッ　ヘルミ

□ A: あとでまた電話します。

**Saya akan menelefon semula nanti.**
サヤ　アカン　ムネレフォン　スムラ　ナンティ

### 関連単語・表現

○親友
**sahabat**
サハバッ

○知人
**kenalan**
クナラン

○同僚
**kawan sekerja**
カワン　スクルジャ

○電話する
**menelefon**
ムネレフォン

○会議する
**bermesyuarat**
ブルムシュアラッ

○来客がある
**menerima tetamu**
ムヌリマ　トゥタム

## すぐに使えるフレーズ

☐ 出勤していません（お休みしています）。

### Tidak datang kerja.
ティダッ　ダタン（グ）　クルジャ

☐ 伝言をお願いできますか？

### Boleh sampaikan pesanan?
ボレ　サンパイカン　プサナン

☐ 折り返し電話をお願いします。

### Minta dia hubungi saya.
ミンタ　ディア　フブンギ　サヤ

☐ すぐに私に連絡するようにお伝えください。

### Tolong minta dia hubungi saya segera.
トロン（グ）　ミンタ　ディア　フブンギ　リヤ　スグラ

☐ あなたの電話番号をおうかがいしてもいいですか？

### Boleh minta nombor telefon encik?
ボレ　ミンタ　ノムボル　テレノォン　ウンチッ

人称代名詞はP15を参照。

☐ 私の電話番号は 090-876-5432 です。

### Nombor telefon saya 090-876-5432.
ノムボル　テレフォン　サヤ　コソン（グ）　スンビラン　コソン（グ）
　　　　　　　　　　　　　ラパン　トゥジュ　ウナム
　　　　　　　　　　　　　リマ　ウンパッ　ティガ　ドゥア

PART 4

すぐに話せる！マレーシア旅行重要フレーズ

171

# BAB 51 病気〈診察〉

## よく使う表現

□ 体調が悪いです。

**Saya tidak berapa sihat.**
サヤ　ティダッ　ブラパ　シハッ

□ 病院に連れて行ってもらえますか？

**Tolong hantarkan saya ke hospital.**
トロン(グ)　ハンタルカン　サヤ　ク　ホスピタル

「診療所」は klinik [クリニッ]

□ 日本語の話せる医師はいますか？

**Ada doktor yang boleh berbahasa Jepun?**
アダ　ドットゥル　ヤン(グ)　ボレ　ブルバハサ　ジュプン

□ 下痢をしています。

**Saya cirit-birit.**
サヤ　チリッビリッ

## 関連単語・表現

| ○熱がある | ○咳が出る | ○めまいがする |
|---|---|---|
| **demam** ドゥマム | **batuk** バトゥッ | **pening** プニン(グ) |

| ○吐き気がする | ○寒気がする | ○息苦しい |
|---|---|---|
| **mahu muntah** マフ　ムンタ | **kesejukan** クスジュカン | **susah bernafas** スサ　ブルナファス |

172

## すぐに使えるフレーズ

□ お腹が痛いです。

### Perut saya sakit.
プルッ　　サヤ　　サキッ

「身体の部位」はP190参照。

□ （指を指して）ここが痛いです。

### Sakit di sini.
サキッ　ディ　スィニ

□ 数回，吐きました。

### Saya muntah beberapa kali.
サヤ　　ムンタ　　ブブラパ　　カリ

数字はP30参照。

□ 身体がかゆいです。

### Badan saya gatal.
バダン　　サヤ　　ガタル

□ 海外旅行保険に入っています。

### Saya ada insuran perjalanan.
サヤ　アダ　インシュラン　　プルジャラナン

□ 診断書と領収証をください。

### Minta surat keterangan doktor dan resit.
ミンタ　スラッ　クトゥラ（ン)ガン　　ドットゥル　ダン　リシッ

PART 4

すぐに話せる！マレーシア旅行重要フレーズ

## BAB 52 病気〈薬局〉

### ショート対話

□ A: これは何の薬ですか？

**Ini ubat apa?**
イニ　ウバッ　アパ

□ B: 解熱薬です。

**Ubat demam panas.**
ウバッ　ドゥマン　パナス

□ A: 薬は何回飲みますか？

**Ubat ini perlu diminum berapa kali?**
ウバッ　イニ　プルル　ディミヌム　ブラパ　カリ

□ B: 1日3回食後に服用してください。

**Minum tiga kali sehari selepas makan.**
ミヌム　ティガ　カリ　スハリ　スルパス　マカン

### 関連単語・表現

○鎮痛
**parasetamol / panadol**
パラセタモル　　パナドル

○抗生物質
**antibiotik**
アンティビオティッ

○下痢止め
**ubat cirit-birit**
ウバッ　チリッビリッ

○食前
**sebelum makan**
スブルム　マカン

## すぐに使えるフレーズ

□ 頭痛薬をください。

# Minta ubat sakit kepala.
ミンタ　　ウバッ　　サキッ　　　クパラ

「胃腸」は perut [プルッ]

□ 私はアレルギー体質です。

# Saya ada alergi.
サヤ　　アダ　　アレルギ

alahan [アラハン] とも言います。

□ 副作用はありますか？

# Ada kesan sampingan?
アダ　　　クサン　　　サンピ(ン)ガン

□ この薬は（あなたに）眠気が生じます。

# Ubat ini membuat awak mengantuk.
ウバッ　イニ　　ムンブアッ　　アワッ　　ム(ン)ガントゥッ

□ ねんざしました。湿布薬をください。

# Saya terseliuh. Minta koyok.
サヤ　　トゥルスリウ　　　ミンタ　　コョッ

□ けがをしました。ばんそうこうはありますか？

# Saya terluka. Ada plaster?
サヤ　　トゥルルカ　　　アダ　　プラストゥル

175

# BAB 53 トラブル〈紛失，盗難〉

## よく使う表現

□ パスポートをなくしました。

**Pasport saya hilang.**
パスポルツ　サヤ　ヒラン(グ)

□ 財布を盗まれました。

**Dompet saya dicuri.**
ドンペッ　サヤ　ディチュリ

□ レストランに携帯電話を置き忘れました。

**Telefon bimbit saya tertinggal di restoran.**
テレフォン　ビンビッ　サヤ　トゥルティンガル　ディ　レストラン
hand phone [ハン フォン] もよく使います。

□ どろぼう！　警察に連絡してください。

**Pencuri! Tolong lapor polis.**
プンチュリ　トロン(グ)　ラポル　ポリス
「強盗」は perompak [プロンパッ]

## 関連単語・表現

○クレジットカード
**kad kredit**
カッ　クレディッ

○航空券
**tiket kapal terbang**
ティケッ　カパル　トゥルバン(グ)

○日本大使館
**Kedutaan Besar Jepun**
クドゥタアン　ブサル　ジュプン

○旅行会社
**agensi pelancongan**
エジェンスィ　プランチョ(ン)ガン

## すぐに使えるフレーズ

☐ ここに私のかばんはありませんでしたか？

### Beg saya ada di sini?
ベッ(グ)　サヤ　アダ　ディ　スィニ

☐ 探してください。

### Tolong saya cari.
トロン(グ)　サヤ　チャリ

☐ かばんの中にはカメラが入っています。

### Ada kamera di dalam beg.
アダ　カメラ　ディ　ダラム　ベッ(グ)

☐ どろぼう！　助けて！　捕まえて！

### Pencuri! Tolong! Tangkap!
プンチュリ　トロン(グ)　タンカッ(プ)

☐ 警察を呼んでください。

### Tolong panggil polis.
トロン(グ)　パンギル　ポリス

☐ 盗難証明書を作成してください。

### Tolong buat surat keterangan kecurian
トロン(グ)　ブアッ　スラッ　クトゥラ(ン)ガン　クチュリアン

警察署で盗難証明書や事故証明書 surat keterangan kemalangan [スラッ クトゥラ(ン)ガン クマラ(ン)ガン] を発行してもらいましょう。

# BAB 54 トラブル〈断る，助けを求める〉

## よく使う表現

□ すみません，忙しいです。

**Minta maaf, saya sibuk.**
ミンタ　マアフ　サヤ　スィブッ

□ 興味がありません。

**Saya tidak berminat.**
サヤ　ティダッ　ブルミナッ

*物売りなどにしつこくされても、買わないなら、きっぱり断りましょう。*

□ 放っておいてください。

**Jangan ganggu saya.**
ジャ(ン)ガン　ガング　サヤ

□ さわらないで。

**Jangan pegang.**
ジャ(ン)ガン　プガン(グ)

## 関連単語・表現

○ 出て行け！
**Keluar!**
クルアル

○ 危ない！
**Bahaya!**
バハヤ

○ 開けて！
**Buka!**
ブカ

*トイレのかぎが壊れて閉じこめられた時などに。*

○ 緊急です！
**Kecemasan!**
クチュマサン

## すぐに使えるフレーズ

☐ 助けて！

# Tolong!
トロン(グ)

*tolongの使い方はP53参照。*

☐ やめて！

# Hentikan!
フンティカン

☐ だまされました。

# Saya tertipu.
サヤ　トゥルティプ

☐ すられました。

# Saya kena seluk saku.
サヤ　クナ　スルッ　サク

☐ ひったくられました。

# Saya diragut.
サヤ　ディラグッ

*紛失、盗難はP176も合わせて参照。*

☐ 強盗に遭いました。

# Saya dirompak.
サヤ　ディロンパッ

PART 4　すぐに話せる！マレーシア旅行重要フレーズ

179

## ■空港，入国管理，税関

|  |  |  |  |
|---|---|---|---|
| 空港 | **lapangan terbang** ラパ(ン)ガン トゥルバン(グ) | キャンセル, 欠航 | **batal** バタル |
| 飛行機 | **kapal terbang** カパル トゥルバン(グ) | 遅延 | **ditunda / *delay*** ディトゥンダ ディレイ |
| ゲート | **pintu** ピントゥ | 乗り継ぎ | **transit** トランスィツ |
| 出発 | **pelepasan** プルパサン | 免税店 | **kedai bebas cukai** クダイ ベバス チュカイ |
| 到着 | **ketibaan** クティバアン | 禁煙 | **dilarang merokok** ディララン(グ) ムロコッ |
| 時差 | **perbezaan waktu** プルベザアン ワットゥ | 入国管理 | **imigresen** イミグレセン |
| 確認 | **pengesahan** プングサハン | ビザ | **visa** ヴィサ |
| 国際線 | **penerbangan antarabangsa** プヌルバ(ン)ガン アンタラバン(グ)サ | 税関 | **kastam** カスタム |
| 国内線 | **penerbangan domestik** プヌルバ(ン)ガン ドメスティッ | 関税 | **cukai kastam** チュカイ カスタム |
| MH 052便 | **penerbangan MH052** プヌルバ(ン)ガン エムエイチ コソン(グ) リマ ドゥア | 税関申告書 | **borang pemberitahuan kastam** ボラン(グ) プンブリタフアン カスタム |

180

## ■交通機関

|  |  |  |  |
|---|---|---|---|
| 車 | **kereta** クレタ | 運転手 | **pemandu** プマンドゥ |
| タクシー | **teksi** テクスィ | 車掌 | **kondaktor** コンダクトル |
| バス | **bas** バス | 道 | **jalan** ジャラン |
| ミニバス | **bas mini** バス ミニ | 大通り | **jalan raya** ジャラン ラヤ |
| バス停 | **perhentian bas** プルフンティアン バス | 高速道路 | **lebuh raya** ルブ ラヤ |
| バスターミナル | **terminal bas** トゥルミナル バス | 信号 | **lampu isyarat** ランプ イシャラッ |
| オートバイ | **motosikal** モトスィカル | フェリー | **feri** フェリ |
| 自転車 | **basikal** バシカル | 船 | **kapal** カパル |
| 馬車 | **kereta kuda** クレタ クダ | 舟, ボート | **perahu / bot** プラフ ボッ |
| 列車 | **kereta api** クレタ アピ | 港 | **pelabuhan** プラブハン |
| 駅 | **stesen kereta api** ステセン クレタ アピ | 船長 | **nakhoda** ナコダ |

# ■ホテル

＊備品はP126、P128参照。

|  |  |  |  |  |  |
|---|---|---|---|---|---|
| ロビー | **lobi** | ロビ | 冷蔵庫 | **peti sejuk** | プティ　スジュッ |
| 受付 | *receptionist* | リセプスィオニスッ | ベッド | **katil** | カティル |
| ベルボーイ | **pelayan** | プラヤン | シーツ | **alas** | アラス |
| 部屋 | **bilik** | ビリッ | 枕 | **bantal** | バンタル |
| かぎ | **kunci** | クンチ | クローゼット | **almari pakaian** | アルマリ　パカイアン |
| ドア | **pintu** | ピントゥ | ごみ箱 | **bakul sampah** | バクル　サンパ |
| 窓 | **tingkap** | ティンカッ（プ） | 浴室 | **bilik mandi** | ビリッ　マンディ |
| テーブル | **meja** | メジャ | シャワー | *shower* | シャワル |
| 椅子 | **kerusi** | クルスィ | トイレットペーパー | **tisu tandas** | ティス　タンダス |
| テレビ | **televisyen / TV** | テレヴィシェン　ティーヴィー | 灰皿 | **tempat buang rokok** | トゥンパッ　アブ　ロコッ |
| 電話 | **telefon** | テレフォン | 蚊取り線香<br>蚊用殺虫スプレー | **ubat nyamuk** | ウバッ　ニャムッ |

182

## ■飲み物，果物

※ 飲み物は P100 も参照。

| 水 | **air** アイル | ミロ（麦芽飲料） | **milo** ミロ／マイロ |
| --- | --- | --- | --- |
| 飲料水 | **air masak** アイル　マサッ | ジュース | **jus** ジュス |
| ミネラルウォーター | **air mineral** アイル　ミヌラル | マンゴージュース | **jus mangga** ジュス　マンガ |
| お湯 | **air panas** アイル　パナス | ぶどう | **anggur** アングル |
| 氷 | **ais** アイス | バナナ | **pisang** ピサン(グ) |
| ホットコーヒー | **kopi panas** コピ　パナス | すいか | **tembikai** トゥンビカイ |

kopi「コーヒー」を teh「紅茶」に変えると、teh panas「ホットティー」など応用できます。

| 加糖ミルク入りアイスコーヒー | **kopi ais** コピ　アイス | パイナップル | **nanas** ナナス |
| --- | --- | --- | --- |
| 加糖ミルクなしアイスコーヒー | **kopi O ais** コピ　オーアイス | パパイヤ | **betik** ブティッ |
| 無糖ミルクなしコーヒー | **kopi tanpa gula** コピ　タンパ　グラ | マンゴー | **mangga** マンガ |
| 〃 | **kopi O kosong** コピ　オー　コソン(グ) | ドリアン | **durian** ドゥリアン |
| 泡立てミルクティー | **teh tarik** テ　タリッ | マンゴスチン | **manggis** マンギス |

## ■レストラン

*食器はP138、味覚はP37参照。

| 砂糖 | **gula** グラ | 揚げる | **goreng** ゴレン(グ) |
|---|---|---|---|
| 塩 | **garam** ガラム | 炒める | **tumis** トゥミス |
| こしょう | **lada** ラダ | 直火で焼く | **bakar** バカル |
| 酢 | **cuka** チュカ | グリルする | **panggang** パンガン(グ) |
| 辛口しょうゆ | **kicap masin** キチャッ(プ) マスィン | 茹でる、煮る | **rebus** ルブス |
| 甘口しょうゆ | **kicap manis** キチャッ(プ) マニス | 混ぜる | **campur** チャンプル |
| チリソース | **sos cili** ソス チリ | 蒸す | **kukus** ククス |
| ケチャップ | **sos tomato** ソス トマト | 汁物 | **kuah** クア |
| バター | **mentega** ムンテガ | スープ | **sup** スッ(プ) |
| コック | **tukang masak** トゥカン マサッ | カレー | **kari** カリ |
| ウエイター、ウエイトレス | **pelayan restoran** プラヤン レストラン | カレー風スープ | **gulai** グライ |

184

## ■料理

＊「食材＋調理方法(P184)」の表記が多い。

|  |  |  |  |
|---|---|---|---|
| パン | **roti** ロティ | 甘辛ソースの野菜・果物サラダ | **rojak** ロジャッ |
| インド風クレープ | **roti canai** ロティ チャナイ | 空芯菜炒め | **kangkung belacan** カン(グ)クン(グ) ブラチャン |
| 白飯 | **nasi putih / nasi** ナスィ プティ ナスィ | 串焼き | **sate** サテ |
| ココナツミルクご飯 | **nasi lemak** ナスィ ルマッ | やぎ肉の串焼き | **sate kambing** サテ カンビン(グ) |
| おかずのせご飯 | **nasi campur** ナスィ チャンプル | 鶏の唐揚げ | **ayam goreng** アヤム ゴレン(グ) |
| 鶏がゆ | **bubur ayam** ブブル アヤム | ローストチキン | **ayam panggang** アヤム パンガン(グ) |
| 鶏スープ | **sup ayam** スッ(プ) アヤム | 焼き魚 | **ikan bakar** イカン バカル |
| 汁そば | **mi sup** ミ スッ(プ) | マレーシア風寄せ鍋 | **steamboat** スティムボウッ |
| スパイシー汁そば | **laksa** ラッサ | エビせんべい | **keropok udang** クロポッ ウダン(グ) |
| 米粉きしめんの炒め物 | **char kway teow** チャー クエイ ティオ | ゆで卵 | **telur rebus** トゥルル ルブス |
| フィッシュヘッドカレー | **kari kepala ikan** カリ クパラ イカン | ピクルス | **acar** アチャル |

185

# ■ショッピング

*P144、P146も参照。

| 店 | **kedai** クダイ |
| 市場 | **pasar** パサル |
| スーパーマーケット | **pasar raya** パサル ラヤ |
| デパート | **pasar serbaneka** パサル スルバネカ |
| ショッピングセンター | **pusat membeli-belah** プサッ ムンブリブラ |
| 免税店 | **kedai bebas cukai** クダイ ベバス チュカイ |
| 開店 | **buka** ブカ |
| 閉店 | **tutup** トゥトゥッ(プ) |
| バーゲン | **jualan murah** ジュアラン ムラ |
| 割引 | **diskaun** ディスコン |
| 定価 | **harga tetap** ハルガ トゥタッ(プ) |

| シャツ | **kemeja** クメジャ |
| ブラウス | **blaus** ブラウス |
| 上着,コート | **jaket / kot** ジャケッ コッ |
| ネクタイ | **tali leher** タリ レヘル |
| ズボン | **seluar** スルアル |
| スカート | **skirt** スカルツ |
| ベルト | **tali pinggang** タリ ピンガン(グ) |
| 下着 | **pakaian dalam** パカイアン ダラム |
| 靴 | **kasut** カスッ |
| 食器 | **pinggan-mangkuk** ピンガン マンクッ |
| 手工芸品 | **kraf tangan** クラフ タ(ン)ガン |

## ■観光

*P152〜P164も参照。

| 日本語 | インドネシア語 | 日本語 | インドネシア語 |
|---|---|---|---|
| 旅行代理店 | **agensi pelancongan** エジェンスィ プランチョ(ン)ガン | コンサート | **konsert** コンセルッ |
| 案内所 | **pusat informasi** プサッ インフォルマスィ | 歌手 | **penyanyi** プニャニ |
| 公園,庭園 | **taman** タマン | 舞踊公演 | **pertunjukkan tarian** プルトゥンジュカン タリアン |
| テーマパーク | **taman tema** タマン テマ | 舞踊家 | **penari** プナリ |
| 動物園 | **zoo** ズー | ガムラン | **gamelan** ガムラン |
| 植物園 | **kebun** クブン | 竹製打楽器 | **angklong** アンクロン(グ) |
| 水族館 | **akuarium** アクアリウム | ウォータースポーツ | **sukan air** スカン アイル |
| 映画館 | **panggung wayang** パングン(グ) ワヤン(グ) | シュノーケリング | **snorkeling** スノルクリン(グ) |
| 映画 | **filem** フィルム | クルーズ | **kapal pesiaran** カパル プシアラン |
| 俳優 | **pelakon** プラコン | ラフティング | **berakit** ブラキッ |
| 女優 | **pelakon wanita** プラコン ワニタ | 登山 | **mendaki** ムンダキ |

## ■郵便，電話

|  |  |  |
|---|---|---|
| 住所 | **alamat** | アラマッ |
| 受取人 | **penerima** | プヌリマ |
| 差出人 | **pengirim** | プ(ン)ギリム |
| 航空便 | **pos udara** | ポス ウダラ |
| 船便 | **pos laut** | ポス ラウッ |
| 書留 | **pos berdaftar** | ポス ブルダフタル |
| 便せん | **kertas surat** | クルタス スラッ |
| 封筒 | **sampul surat** | サンプル スラッ |
| 切手 | **setem** | ステム |
| ポスト | **peti surat** | プティ スラッ |
| われもの | **barang mudah pecah** | バラン(グ) ムダ プチャ |
| 携帯電話 | **telefon bimbit** | テレフォン ビンビッ |
| スマートフォン | **telefon pintar** | テレフォン ピンタル |
| 公衆電話 | **telefon awam** | テレフォン アワム |
| 国際電話 | **telefon antarabangsa** | テレフォン アンタラバン(グ)サ |
| 国内電話 | **telefon domestik** | テレフォン ドメスティッ |
| 市内通話 | **telefon dalam negeri** | テレポン ダラム ヌグリ |
| 直通電話 | **panggilan terus** | パ(ン)ギラン トゥルス |
| コレクトコール | **panggilan pindah bayar** | パ(ン)ギラン ピンダ バヤル |
| 市外局番 | **kod kawasan** | コッ カワサン |
| 電話番号 | **nombor telefon** | ノンボル テレフォン |
| メールアドレス | **alamat emel** | アラマッ イメル |

## ■病気，けが

※ 症状はP172、薬剤はP174を参照。

|  |  |  |  |
|---|---|---|---|
| 病院 | **hospital / klinik** ホスピタル　クリニッ | 脱水症状 | **dehidrasi** デヒドゥラスイ |
| 薬局 | **farmasi** ファルマスィ | 湿疹 | **radang** ラダン(グ) |
| 医師 | **doktor** ドットゥル | 切り傷 | **luka** ルカ |
| 看護師 | **jururawat** ジュルラワッ | 骨折 | **patah tulang** パタ　トゥラン(グ) |
| 風邪 | **selsema** スルスマ | やけど | **melecur** ムルチュル |
| 鼻水 | **hingus** ヒ(ン)グス | 過労 | **keletihan** クルティハン |
| 頭痛 | **sakit kepala** サキッ　クパラ | 薬 | **ubat** ウバッ |
| 腹痛 | **sakit perut** サキッ　プルッ | 注射 | **suntikan** スンティカン |
| 歯痛 | **sakit gigi** サキッ　ギギ | 点滴 | **masuk air** マスッ　アイル |
| 食あたり | **keracunan makanan** クラチュナン　マカナン | 手術 | **pembedahan** プンブダハン |
| 消化不良 | **sembelit** スンブリッ | 入院 | **masuk hospital** マスッ　ホスピタル |

## ■身体

| 髪 | **rambut** ランブッ | 胸 | **dada** ダダ |
| 頭 | **kepala** クパラ | 腹 | **perut** プルッ |
| 顔 | **muka** ムカ | 腰 | **pinggang** ピンガン(グ) |
| 目 | **mata** マタ | 尻 | **punggung** プングン(グ) |
| 鼻 | **hidung** ヒドゥン(グ) | 背中 | **belakang** ブラカン(グ) |
| 口 | **mulut** ムルッ | 腕 | **lengan** ル(ン)ガン |
| 歯 | **gigi** ギギ | 手 | **tangan** タ(ン)ガン |
| 耳 | **telinga** トゥリ(ン)ガ | 指 | **jari** ジャリ |
| のど | **tekak** トゥカッ | 足 | **kaki** カキ |
| 首 | **leher** レヘル | 爪 | **kuku** クク |
| 肩 | **bahu** バフ | 肌 | **kulit** クリッ |

## ■盗難，紛失　　　＊ p176も参照。

|  |  |  |  |
|---|---|---|---|
| 警察官 | **polis** ポリス | 運転免許証 | **lesen memandu** レセン　ムマンドゥ |
| 警察署 | **balai polis** バライ　ポリス | かばん | **beg** ベッ(グ) |
| 交番 | **pondok polis** ポンドッ　ポリス | ウエストポーチ | **beg pinggang** ベッ(グ)　ピンガン(グ) |
| 大使館 | **kedutaan** クドゥタアン | 貴重品 | **barang berharga** バラン(グ)　ブルハルガ |
| 総領事館 | **konsulat jeneral** コンスラッ　ジェネラル | お金 | **wang / duit** ワン(グ)　ドゥイッ |
| 日時 | **waktu / masa** ワットゥ　マサ | カメラ | **kamera** カメラ |
| 場所 | **tempat** トゥンパッ | ビデオカメラ | **kamera video** カメラ　ヴィデオ |
| サイン,署名 | **tandatangan** タンダタ(ン)ガン | パソコン | **komputer** コンピュタル |
| 指紋 | **cap jari** チャッ(プ) ジャリ | メガネ | **cermin mata** チュルミン　マタ |
| 身分証明書 | **kad pengenalan** カッ　プ(ン)グナラン | サングラス | **cermin mata hitam** チュルミン　マタ　ヒタム |
| パスポート | **pasport** パスポルッ | 腕時計 | **jam tangan** ジャム　タ(ン)ガン |

| | |
|---|---|
| ブックデザイン | 大郷有紀（ブレイン） |
| 編集協力 | 中根素樂 |
| 編集担当 | 斎藤俊樹（三修社） |

## CD付
## バッチリ話せるマレーシア語

2014年11月20日　第1刷発行

| | |
|---|---|
| 著　者 | 近藤由美 |
| | アブドゥル・ラズィズ・ジュナイディ |
| 執筆協力者 | アハマド・ムザファル・ビン・バハルディン |
| 発行者 | 前田俊秀 |
| 発行所 | 株式会社三修社 |
| | 〒150-0001　東京都渋谷区神宮前2-2-22 |
| | TEL 03-3405-4511　FAX 03-3405-4522 |
| | 振替 00190-9-72758 |
| | http://www.sanshusha.co.jp/ |
| 印刷製本 | 壮光舎印刷株式会社 |
| ＣＤ制作 | 三研メディアプロダクト 株式会社 |

©Yumi Kondo & Abdul Raziz Junaidi 2014 Printed in Japan
ISBN978-4-384-04395-2 C1087

〈日本複製権センター委託出版物〉
本書を無断で複写複製（コピー）することは、著作権法上の例外を除き、禁じられています。
本書をコピーされる場合は、事前に日本複製権センター（JRRC）の許諾を受けてください。
JRRC〈http://www.jrrc.or.jp　email:info@jrrc.or.jp　Tel:03-3401-2382〉